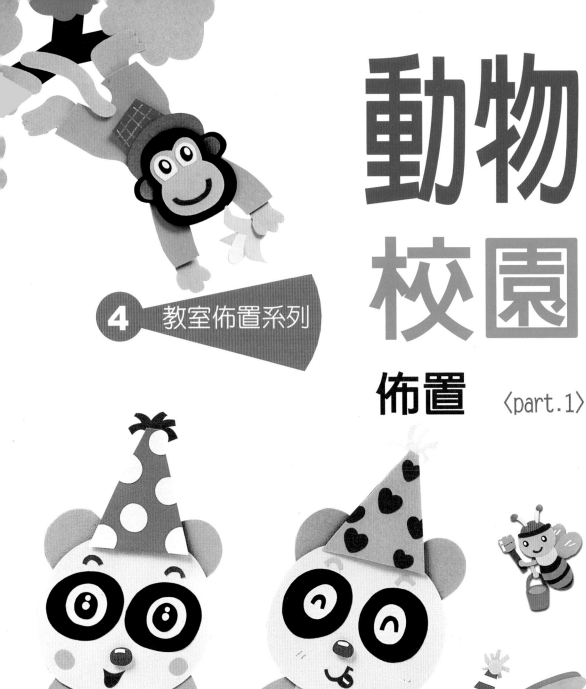

# 動物校園

## 佈置 〈part.1〉

**4** 教室佈置系列

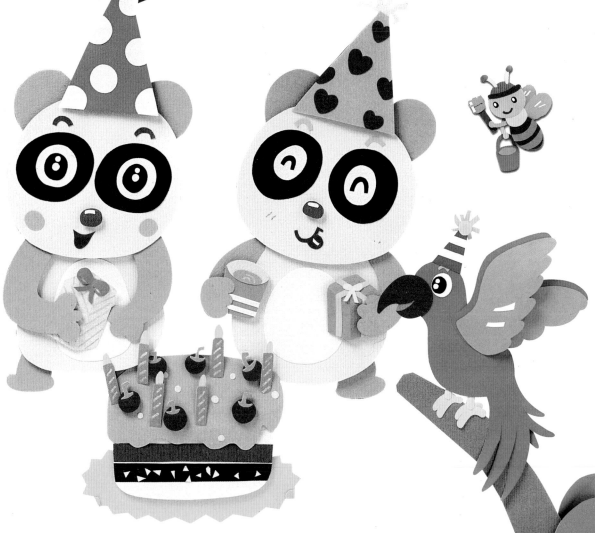

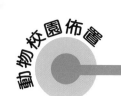
動物校園佈置

# Prospectus
# 單元簡介

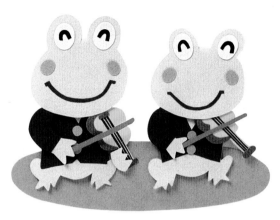

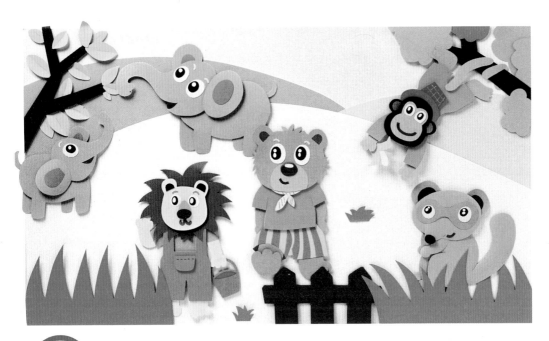

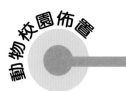
# *Foreword*
# 前　　言

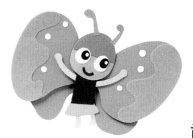

## 動物校園佈置【part.1】

　　教室和週遭室內的環境，是老師與學生、小朋友們共同互動與學習的最佳環境。因此在環境的佈置與營造學習氣氛上，教室的各種美化佈置可以產生極大的功能和學習效果。本書為教室內的看板、公告區、壁面、佈告欄…等提供了相關的題材、資料作為參考。

　　特別製作了「動物篇」包含了森林動物、熱帶雨林、鳥類、海底世界、飼養動物、南北極動物與昆蟲的世界等七大類動物們，供老師學生們藉由本書內容中的基本作法示範，搭配常用的技法介紹、示範步驟並附上放大後直接可使用的線稿，讓我們在佈置環境時更加快速、簡便，有條理的完成室內學習環境佈置，創造一個快樂舒適的學習空間。

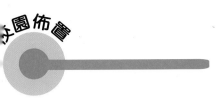

校園佈置

# 工具材料
## Tools & Materials

| | | |
|---|---|---|
| ❶ 噴膠 | ❾ 打洞機 | ⑰ 美術紙 |
| ❷ 修正液 | ❿ 泡綿膠 | ⑱ 描圖紙 |
| ❸ 無水筆 | ⓫ 雙面膠 | ⑲ 保麗龍 |
| ❹ 相片膠 | ⓬ 圓規 | ⑳ 珍珠板 |
| ❺ 豬皮擦 | ⓭ 圓規刀 | |
| ❻ 圈圈板 | ⓮ 剪刀 | |
| ❼ 保麗龍膠 | ⓯ 美工刀 | |
| ❽ 白膠 | ⓰ 切割器 | |

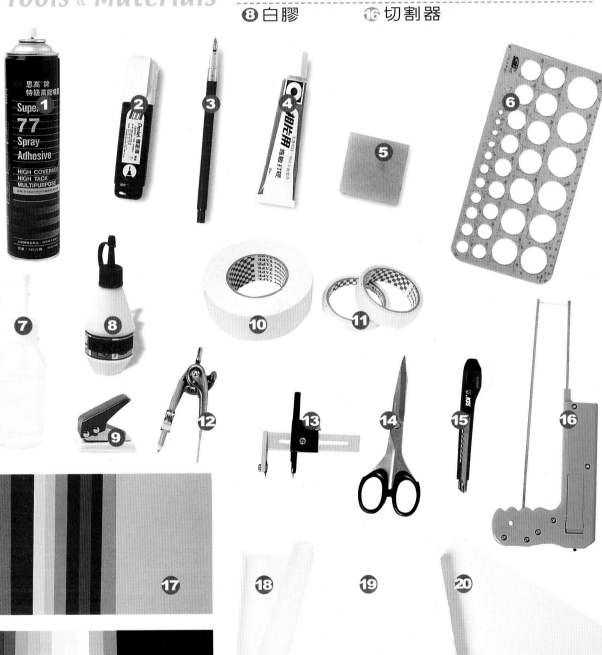

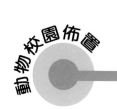

# methods
# 基 本 技 法

　　無論是一隻小動物的製作黏貼或是牆壁上的公佈欄，
各式壁面的佈置都有一個大致基本的流程，跟著這些步
驟的作法可以讓你的剪貼佈置更順手。

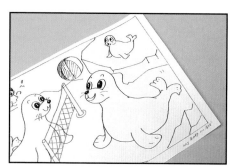

## 1 放大線稿：

將書內所附的黑白線稿
以影印機放大至所須的
大小。

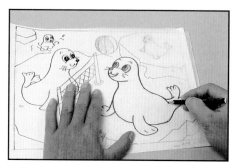

## 2 描圖紙描圖：

描圖紙覆蓋在要畫的圖
案上，用較粗黑的鉛筆
描繪圖案。（3B以上的
鉛筆）

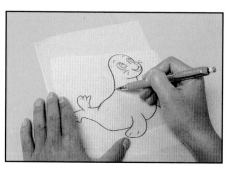

## 3 印在紙上：

描圖紙反蓋在要使用的
紙上，用自動筆順著黑
線描印在紙上。

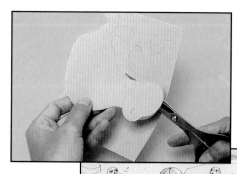

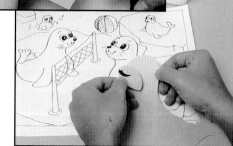

## 4 以剪刀剪下描印好的圖形：

將放大的圖稿放置桌面，黏貼時
可參照圖稿的位置做黏貼。

## ◆ 如何描圖

「描圖」是指把要佈置的圖案線稿，用描圖紙覆蓋後再描繪一次圖形，以方便將圖形描印在紙材上。

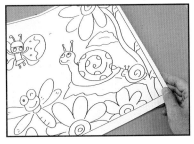

**1** 描圖前先放大調整書中所附圖案線稿的比例。

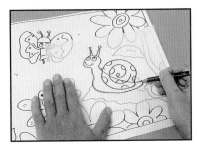

**2** 覆蓋上描圖紙用鉛筆描圖。（使用3B以上的鉛筆效果較好）

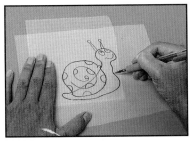

**3** 將描圖紙反面順著鉛筆線用自動鉛筆描印出所須的部位。

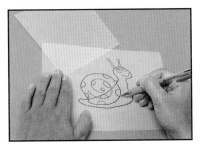

**4** 不同的部位分開描繪，如圖。

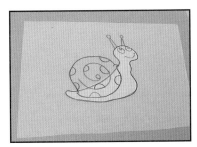

**5** 在有需要黏貼的地方預留出黏貼的空間。

---

## ◆ 圈 圈 板

圈圈板有圓形、橢圓形、甚至是方形，它的孔形較小，因此多半使用在製作小動物的眼睛或物件時。

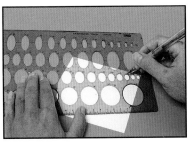

**1** 用鉛筆順著所須的孔形劃一圈。

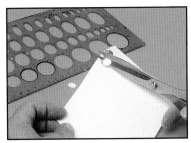

**2** 用剪刀剪下。

---

## ◆ 做出層次感

將紙張適度的「墊高」可以增加整體畫面的層次感，使畫面看起來更活潑生動。

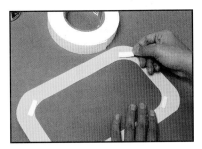

**1** 在紙張的背面貼上泡棉膠。利用泡棉膠本身的厚度區隔出紙張與紙張的距離。（可依照所希望的厚度來層加泡棉膠的數量）

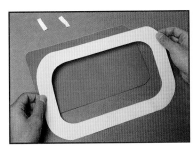

**2** 撕開表層的紙即可黏貼。

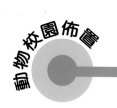

# *methods*
# 基 本 技 法

## ◆ 雙面膠
可適用於一般紙張的大小或是較大面積的紙張，依照你所喜歡的方式去選擇。

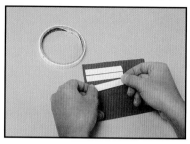

**1** 在畫好圖案後在紙張背面黏貼上雙面膠。

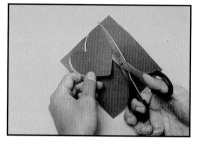

**2** 剪下圖形撕開膠膜即可黏貼。

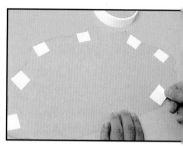

**3** 若是更大張的紙張，黏貼時將雙面膠黏在邊緣的地方即可。

---

## ◆ 噴 膠
噴膠時必須在底層鋪一層報紙，以免噴到後方的其它物品。

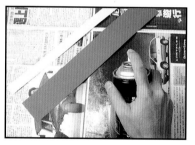

**1** 上噴膠時與紙張保持約30cm的距離，將噴膠均勻的噴在紙面上。

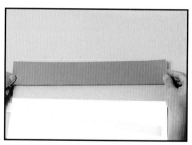

**2** 黏貼時先看準要黏貼的位置再做黏貼，避免反覆的貼黏損壞紙張或畫面。

## ◆ 白 膠

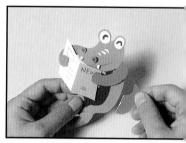

△ 黏貼時只須沿著紙的邊緣擠出白膠和中間的部份少許的膠，就可以將紙張黏得又牢又緊了。

---

## ◆ 立體感
以量棒彎曲紙面一也可用圓棒、筆等替代。

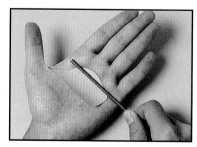

**1** 將紙放於手掌上以棒子順勢壓向紙面，使紙張因受力而彎曲。

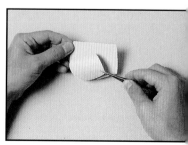

**2** 上膠後黏貼。

# ◆ 切圓器切圓

切圓器就像圓規一樣，可以幫我們切割出一個又大又整齊的圓。是做吊牌或是動物眼睛時的好幫手。

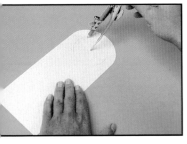

**1** 調整好圓規的大小後將圓心針定在要劃圓的地方。

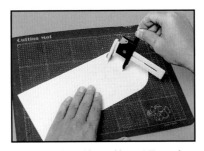

**2** 左手壓住圓的四週，定住中心點劃圓。

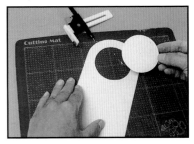

**3** 完成後取出圓片。

---

# ◆ 壓凸

用來壓凸的工具有量棒、圓頭玻璃棒或是圓頭的筆與鐵筆…等。

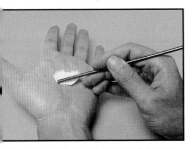

**1** 壓凸時沿著紙張的邊緣施力，順著邊緣移動的同時將圓棒向下壓。

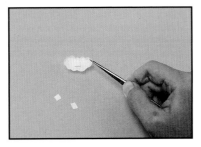

**2** 反覆做數次紙張的另一面會有凸出的效果後，貼上的泡棉膠。

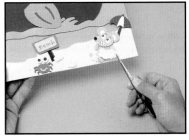

**3** 無論是動物的鼻子、身體、臉等部位都可以用這個方法來增加牠們的立體感。

---

# ◆ 摺痕

像是葉子、禮物…等可藉由「折痕」區隔出不同方向的面，顯現立體感。

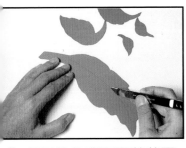

**1** 用刀片的背面順著葉面中央劃出一道痕。

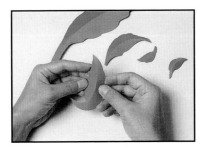

**2** 沿著刀痕折出弧線。

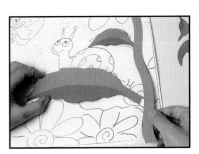

**3** 葉面即可呈現立體感。

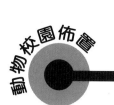
# creation
# 作品欣賞

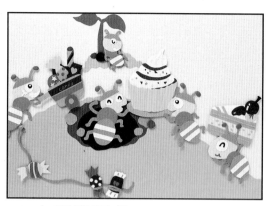

▲ 小螞蟻過冬

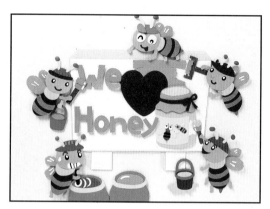

▲ 小蜜蜂勤做工

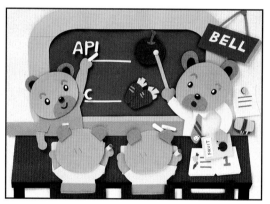

▲ 小熊上課

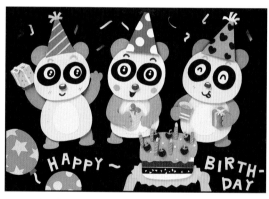

▲ 熊貓的慶生會

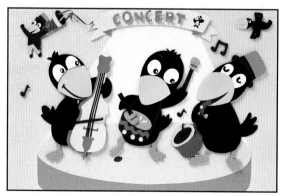

▲ 烏鴉的音樂會

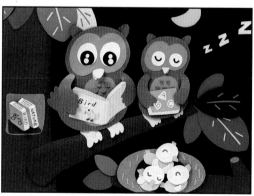

▲ 愛唸書的貓頭鷹

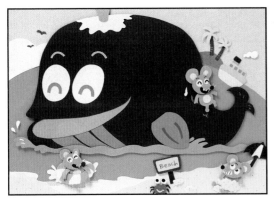

▲ 與鯨同樂

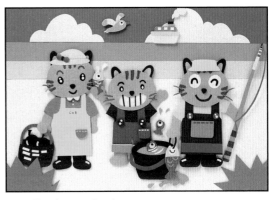

▲ 貓咪一家人

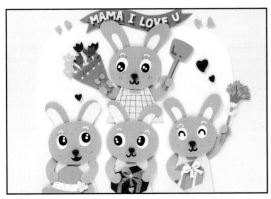

▲ 兔媽媽過母親節

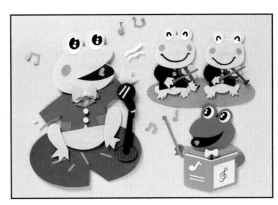

▲ 青蛙合唱團

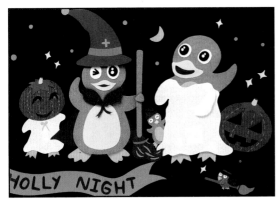

▲ 企鵝過萬聖節

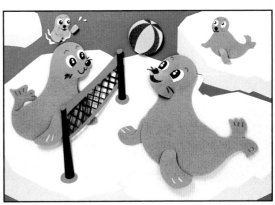

▲ 海狗玩球

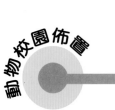

# 綜合應用

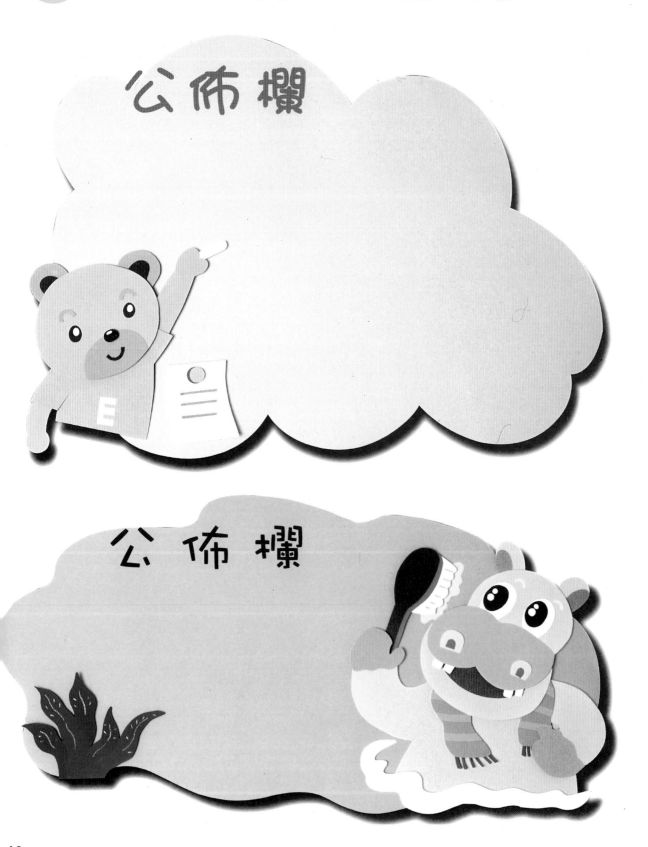

公佈欄

公佈欄

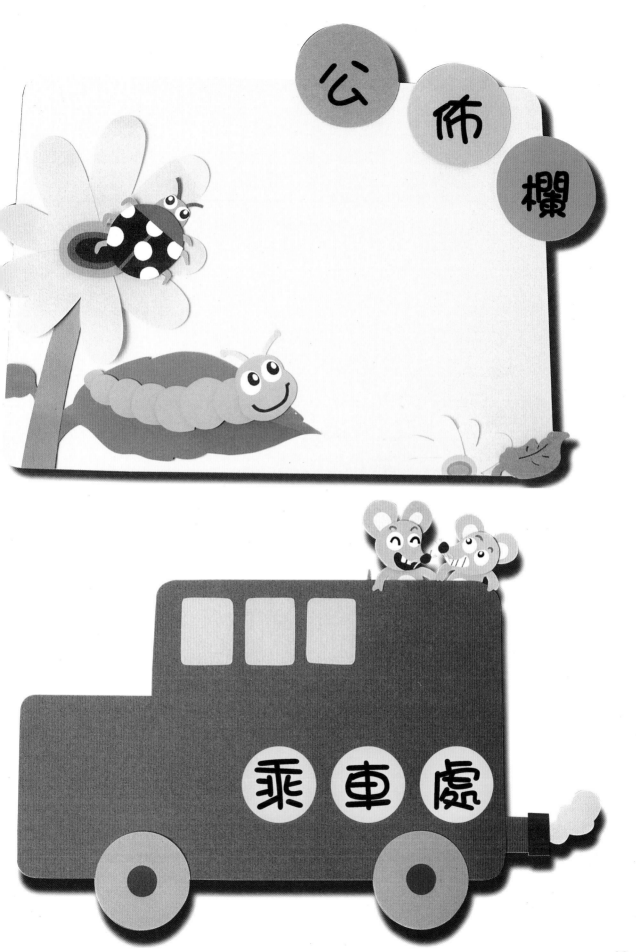

公佈欄

乘車處

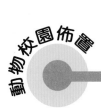

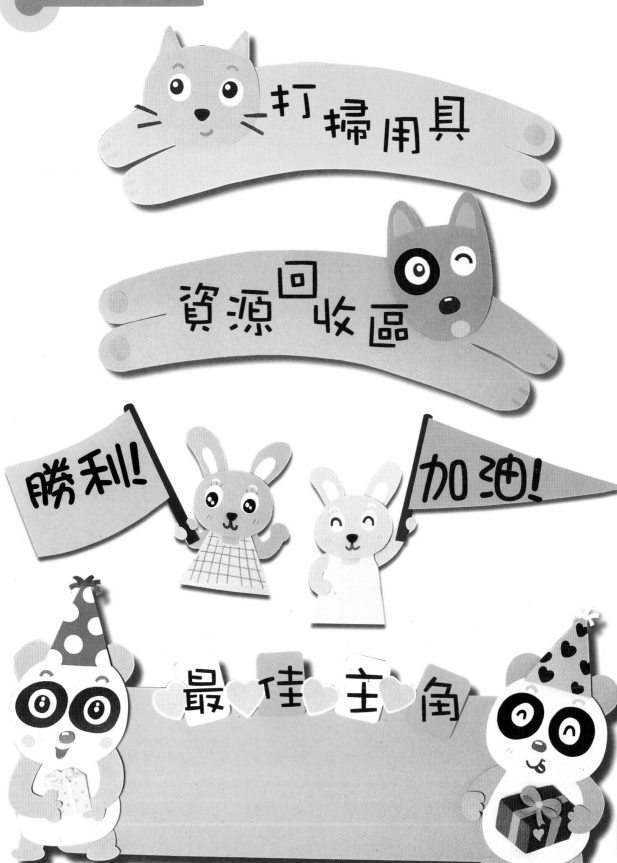

打掃用具

資源回收區

勝利!

加油!

最佳主角

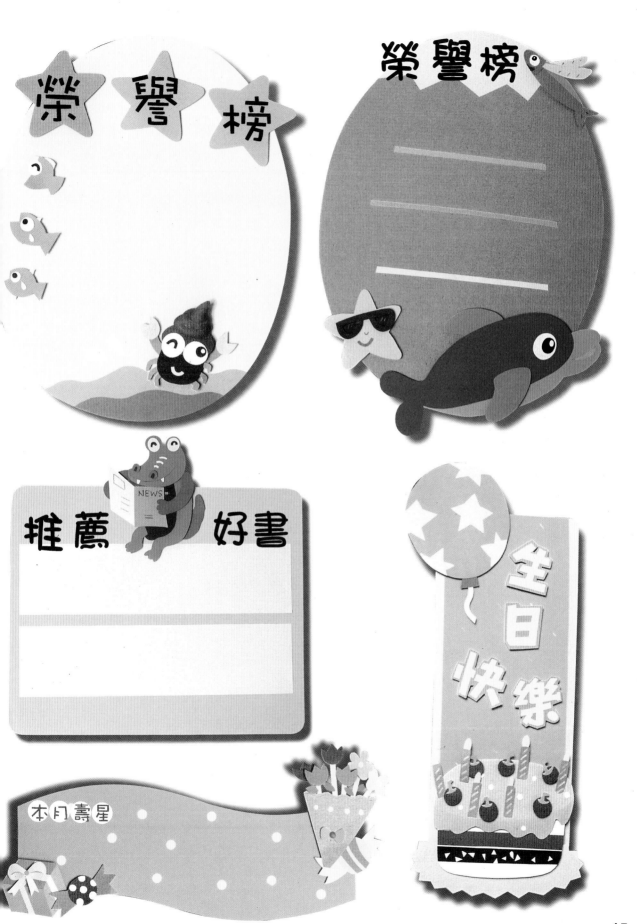

榮譽榜

榮譽榜

推薦　好書

本月壽星

生日快樂

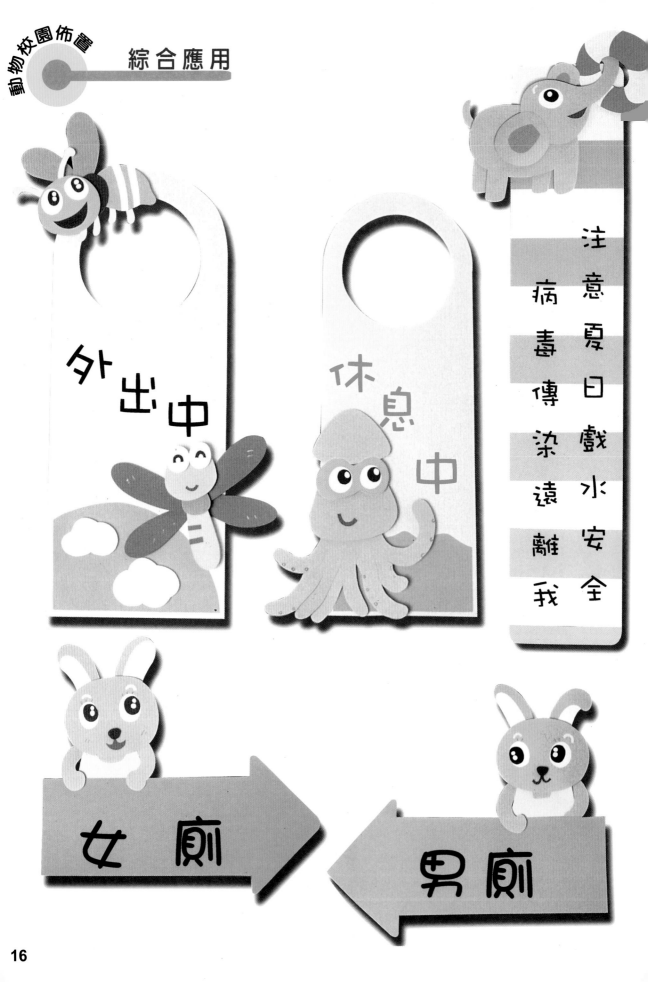

外出中

休息中

注意夏日戲水安全
病毒傳染遠離我

女廁

男廁

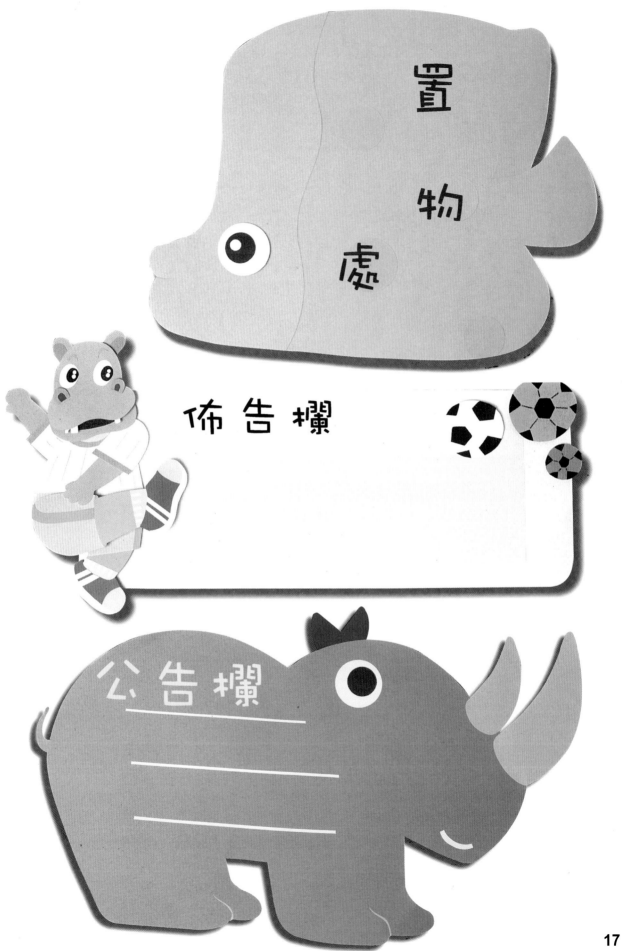

置物處

佈告欄

公告欄

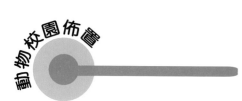

# 蟲蟲天地

△看了前面的基本作法介紹了嗎？準
備好材料就LET'S GO一起動手做吧！

這裡有蝸牛大哥、蝴蝶小姐、還有蜻蜓姐妹、瓢蟲阿姨和一隻小蜜蜂與一條爬上了葉子的毛毛蟲。他們在花園裡玩得正開心。

線稿
參考P55

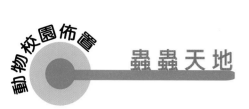

## 蟲蟲天地

### ◆各種昆蟲

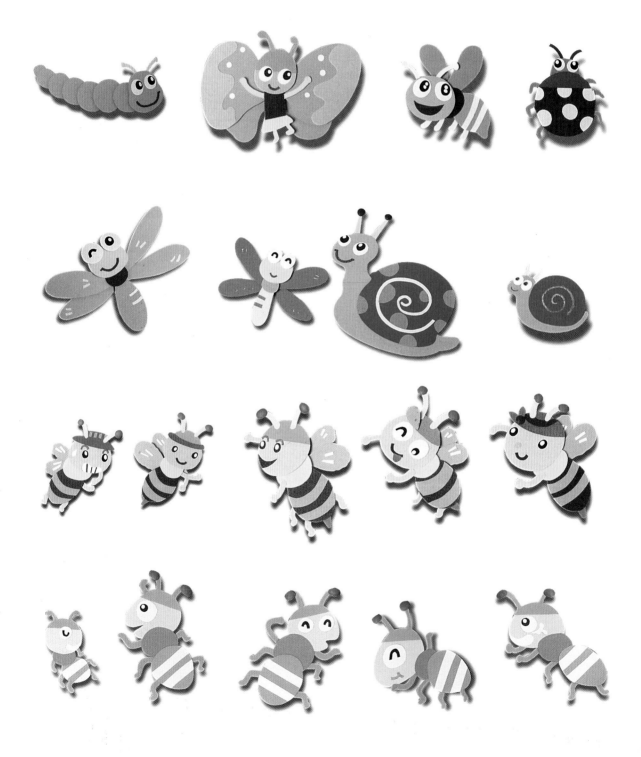

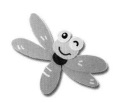
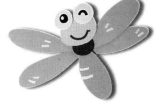
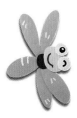

# ◆蜻蜓：

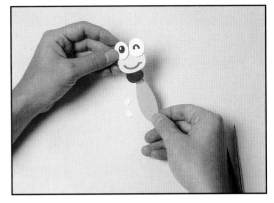

**1** 依序黏上眼睛和嘴巴。

**2** 用泡棉膠黏貼身體，做出層次感。

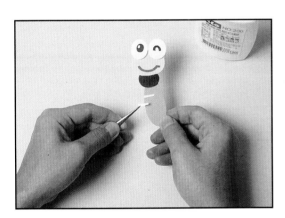

**3** 黏上白色條紋使蜻蜓看來更活潑。

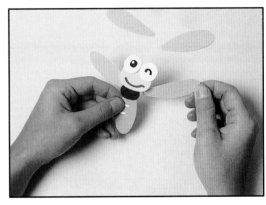

**4** 先把上面的翅膀黏好。

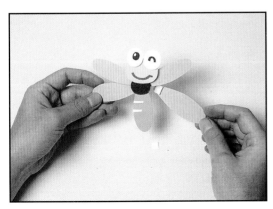

**5** 下面的翅膀用泡棉膠墊高翅膀間的厚度。

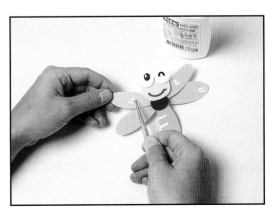

**6** 黏上小白點使翅膀看來有動感。

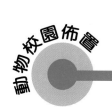

## 蟲蟲天地

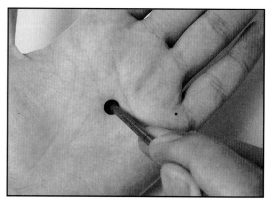

## ◆蝸牛：

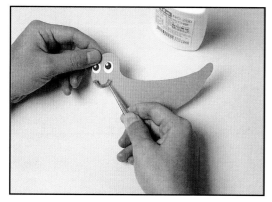

**1** 先在眼睛和嘴巴上沾一點白膠、黏貼上去。

**2** 用量棒沿小圈片的邊緣壓，使小圓變凸。

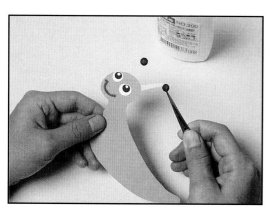

**3** 沾白膠黏在蝸牛的頭上。

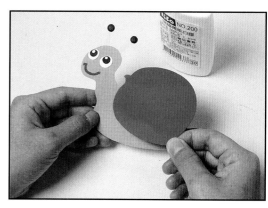

**4** 黏貼蝸牛的殼。

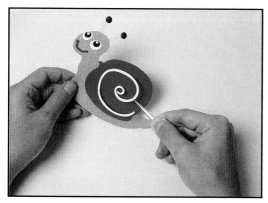

**5** 依著圖稿把殼的紋路放上去。

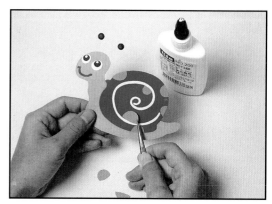

**6** 再黏貼殼上的小點。

# ◆ 太陽花

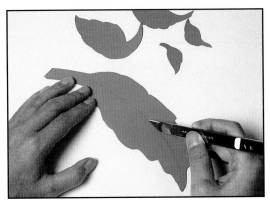

**1** 在葉子背面用刀背輕劃出折痕。

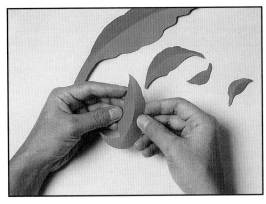

**2** 沿折痕折出兩個頁面。

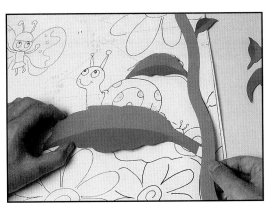

**3** 把葉子沾膠黏在花梗上。

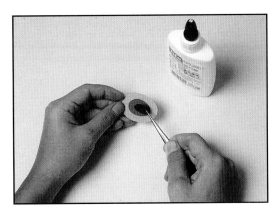

**4** 再黏上三片花蕊。

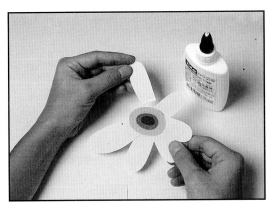

**5** 順著同方向的順序黏貼花瓣。

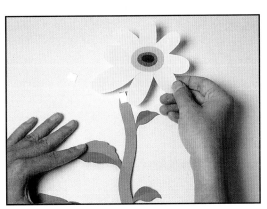

**6** 貼上泡棉膠在花梗上，與花朵黏合。

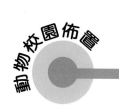

蟲蟲天地

線稿
參考P54

# 小螞蟻過冬

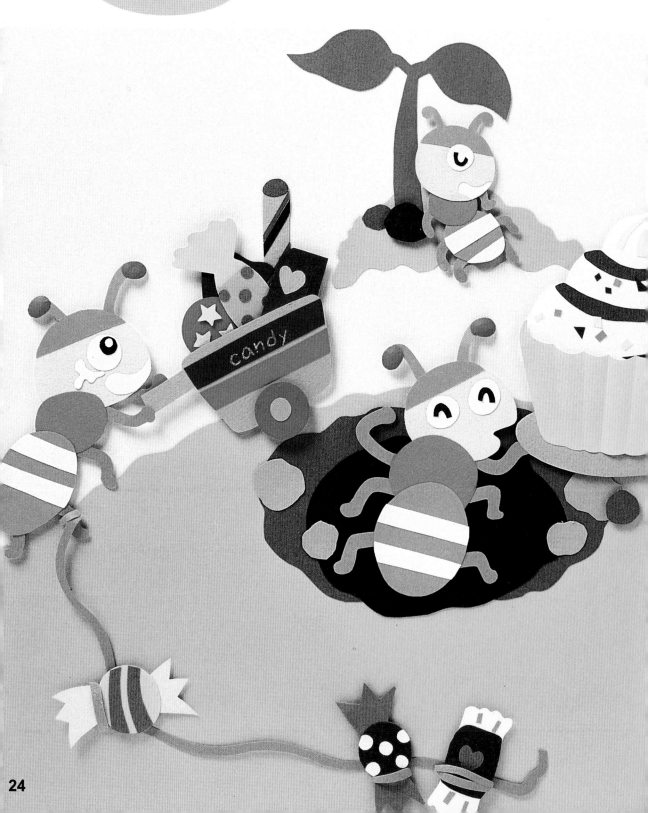

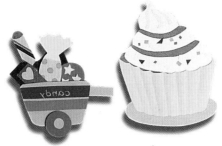
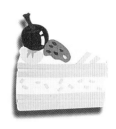

## ◆ 蛋糕

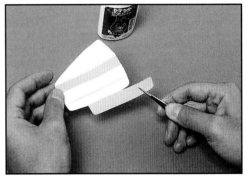

**1** 黏上三條紙片，做出蛋糕的層次。

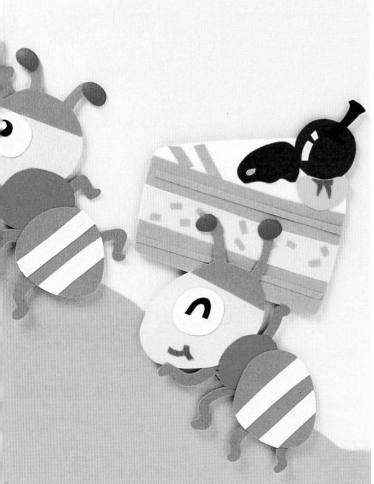

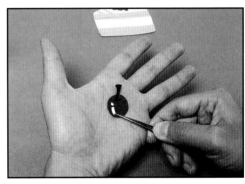

**2** 為櫻桃的加上反光面增加立體感。

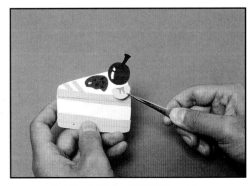

**3** 再依序黏上草莓和小桔子。

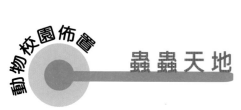
# 小蜜蜂勤做工

線稿
參考P54

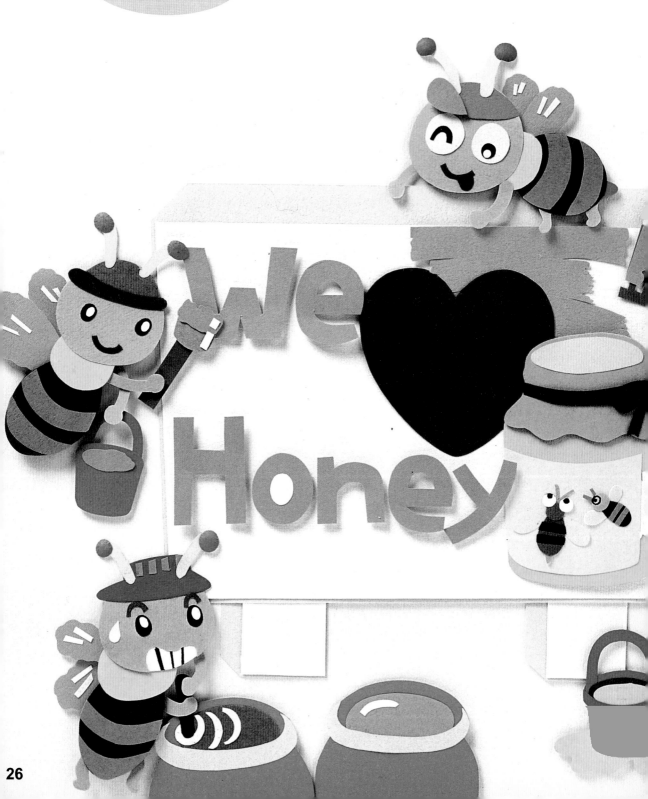

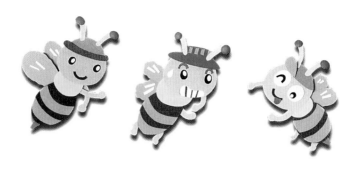
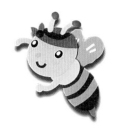

## ◆ 小蜜蜂：

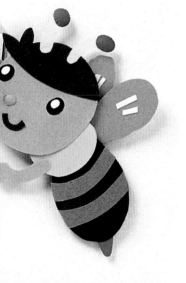

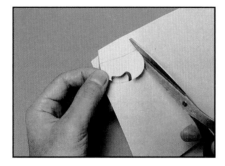

**1** 依著線稿剪下蜜蜂的頭。

**2** 用黑色筆畫下牙齒的紋路。

**3** 黏在嘴巴的地方。

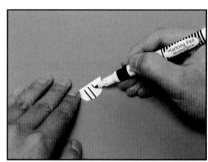

**4** 用量棒沿著小圓的邊緣壓凸圓片。

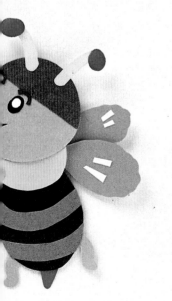

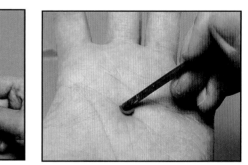

**5** 和眼睛帽子一起黏起來。

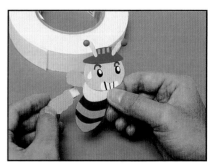

**6** 翅膀的地方用泡棉墊出高度。

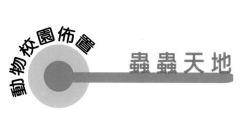

## ◆ 應用實例–邊框

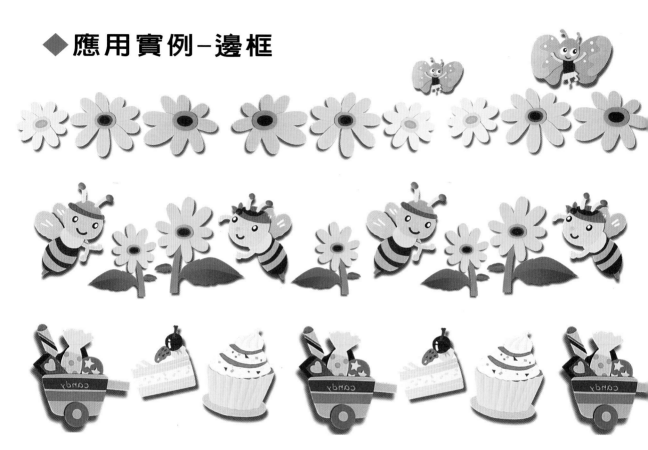

## ◆ 應用實例–公佈欄、活動海報

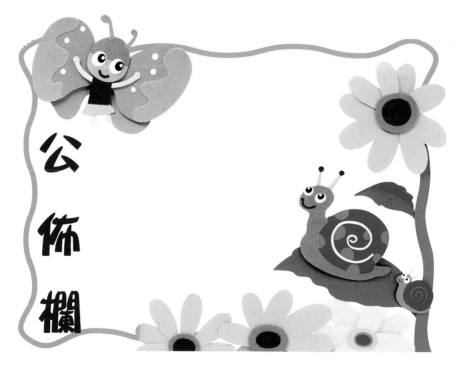

公佈欄

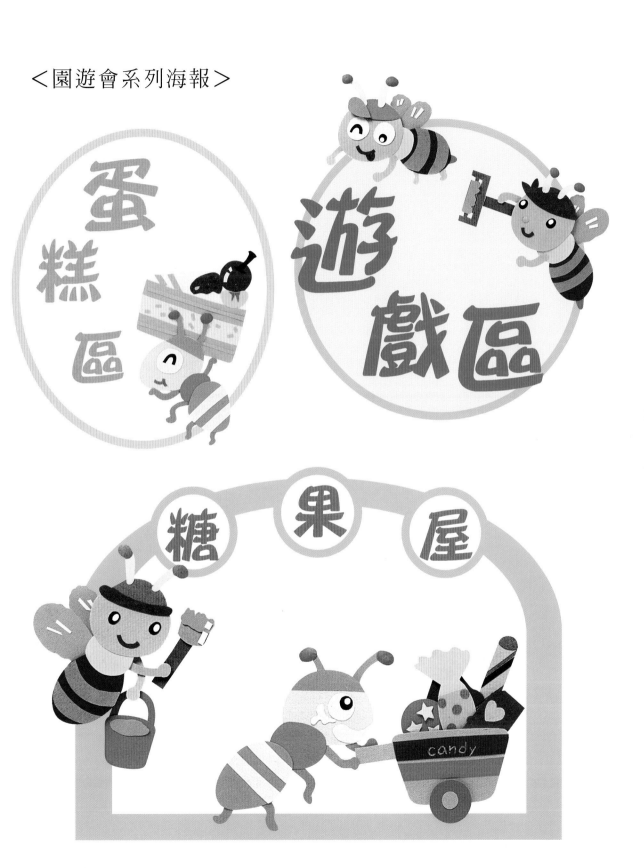

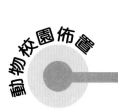

動物校園佈置

# 森林動物

△ 看了前面的基本作法介紹了嗎？準備好材料就LET'S GO一起動手做吧！

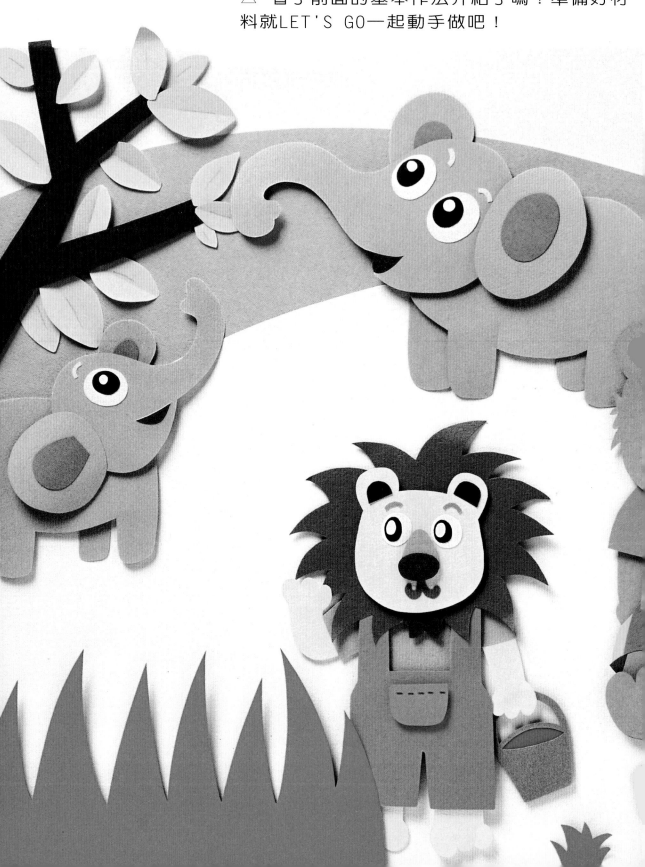

森林裡住著一隻獅子、小熊、還有大
象母子、狸、和頑皮愛吃香蕉的小猴
子。他們是一群快樂的森林動物。

線稿
參考P57

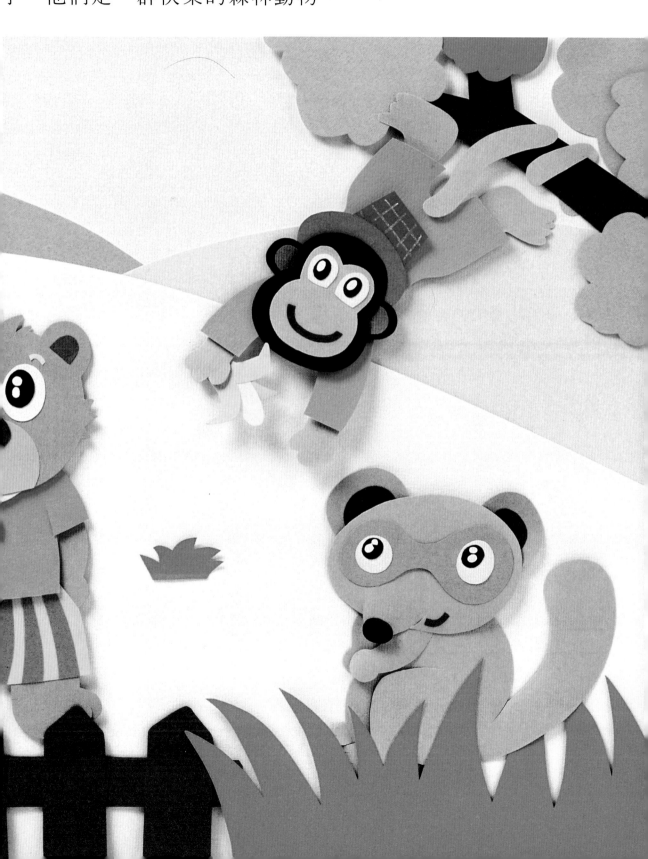

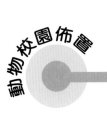

◆ 各種動物

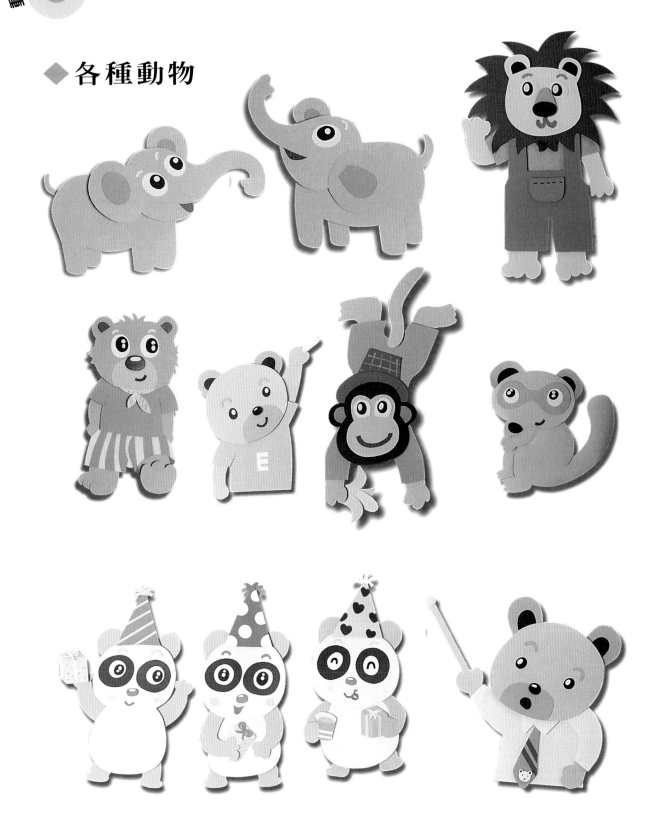

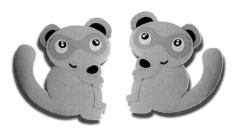

# ◆ 狸

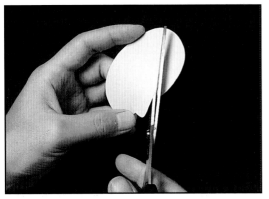

**1** 在狸鼻子兩側剪出開口。
（在黏合時以便用泡棉墊
出鼻子的形狀）。

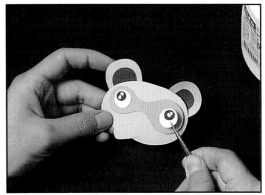

**2** 黏上耳朵和眼睛。

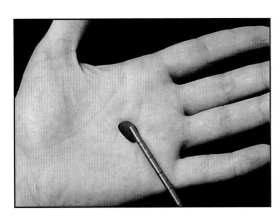

**3** 用細棒將鼻子壓成弧
形。

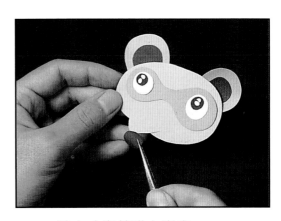

**4** 貼上小泡棉黏上鼻尖。

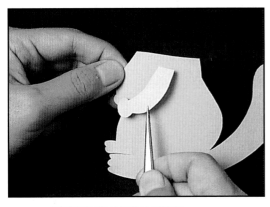

**5** 用泡棉墊出手的高度。

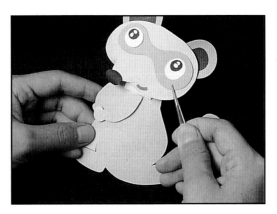

**6** 黏合頭和身體。

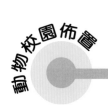
## ◆ 猴子尾巴

猴子的尾巴分兩段黏合。

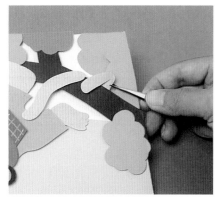

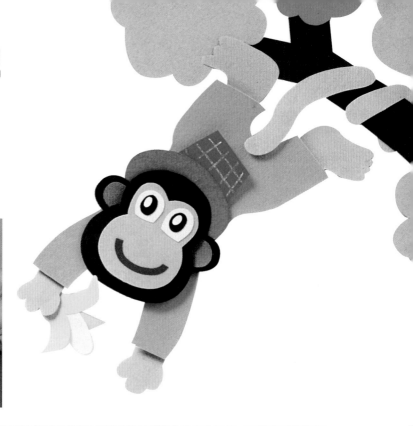

## ◆ 熊

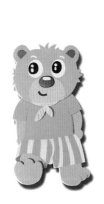
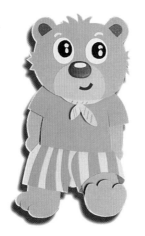
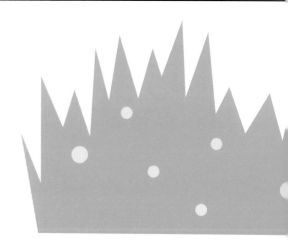

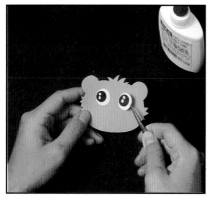

**1** 為小熊黏上眼睛。

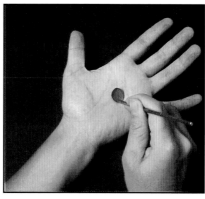

**2** 用量棒順著邊緣壓出凸凸的鼻子。

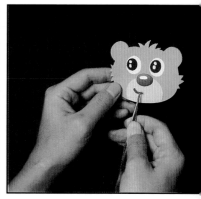

**3** 黏上鼻子和嘴巴。

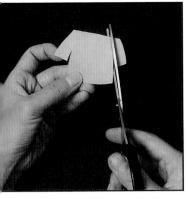

4 衣服左右兩邊的袖口剪開。

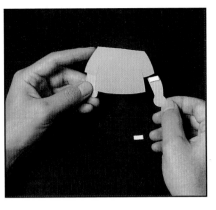

5 用泡棉膠墊出手的高度。

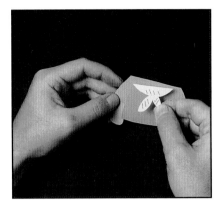

6 領巾的紋路可以用色鉛筆劃。

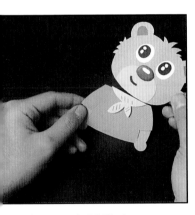

7 將頭和身體黏合。

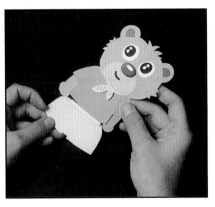

8 再黏上褲子，以泡棉墊出層次。

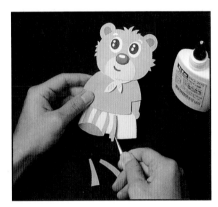

9 黏上褲子的紋路。

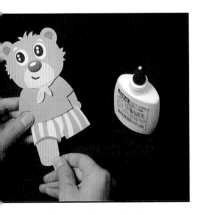

10 腳的部份先固定腿。

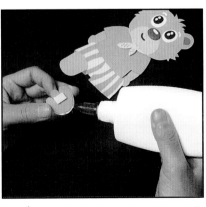

11 再以泡棉、白膠黏上小熊的腳掌。

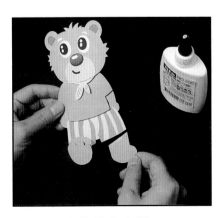

12 最後黏合左腳。

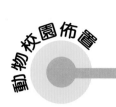
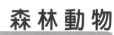

線稿
參考P56

# 小熊上課

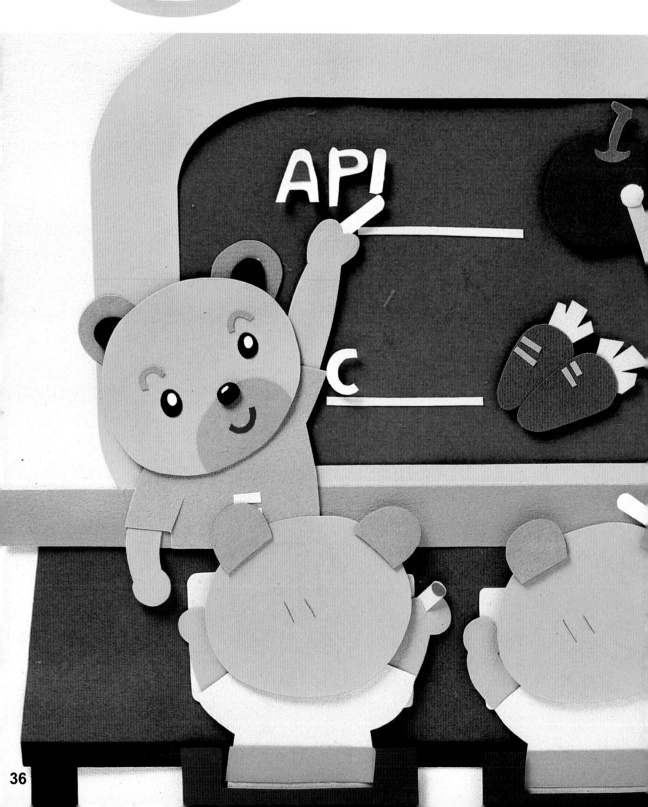

小熊們很認真的上著課，
和小熊老師上英文課，學
ABC。

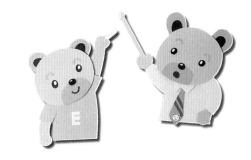

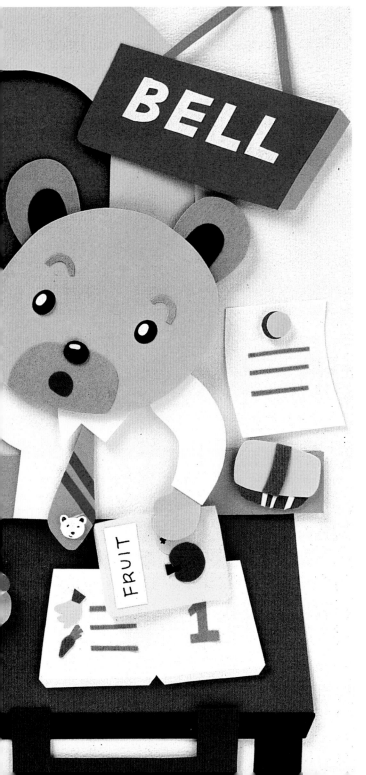

◆ 小熊老師：

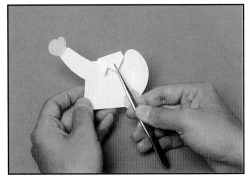

**1** 先為小熊老師黏上手後
再黏上領子。

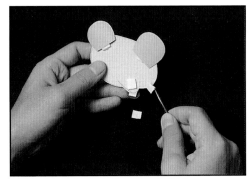

**2** 在頭的背後黏上泡棉
墊。

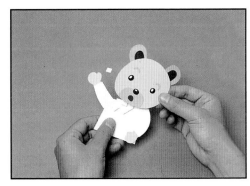

**3** 把頭和身體黏起來。

線稿
參考P56

# 熊貓的慶生會

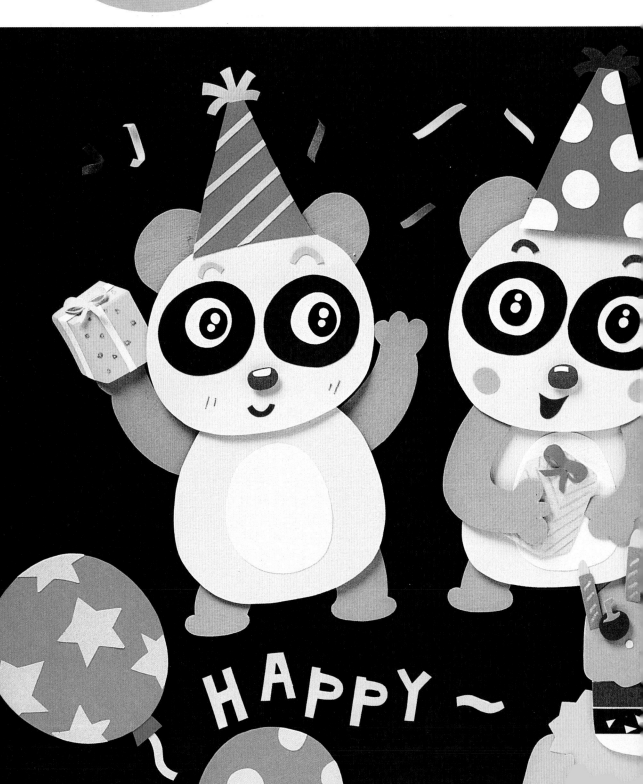

HAPPY BIRTHDAT TO YOU
三隻小熊貓是本月的小壽星，
他們吃著蛋糕戴著小帽，渡過
一個快樂的生日PARTY。

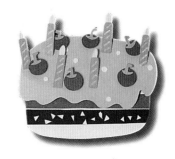

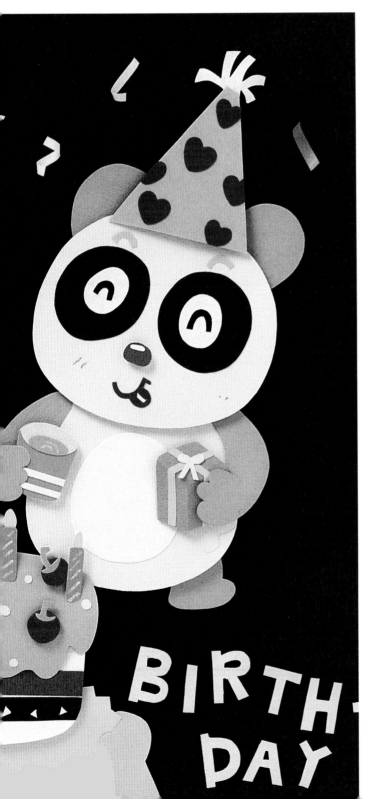

### ◆ 蛋糕：

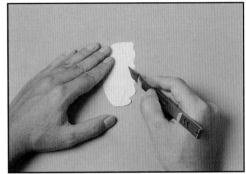

**1** 沿著線稿上的線用刀背劃出折痕。

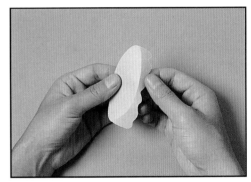

**2** 翻到正面向下折出兩個面。

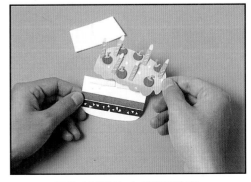

**3** 用泡棉膠墊高和蛋糕底座黏合。

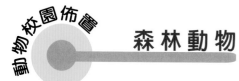

## ◆ 應用實例－邊框

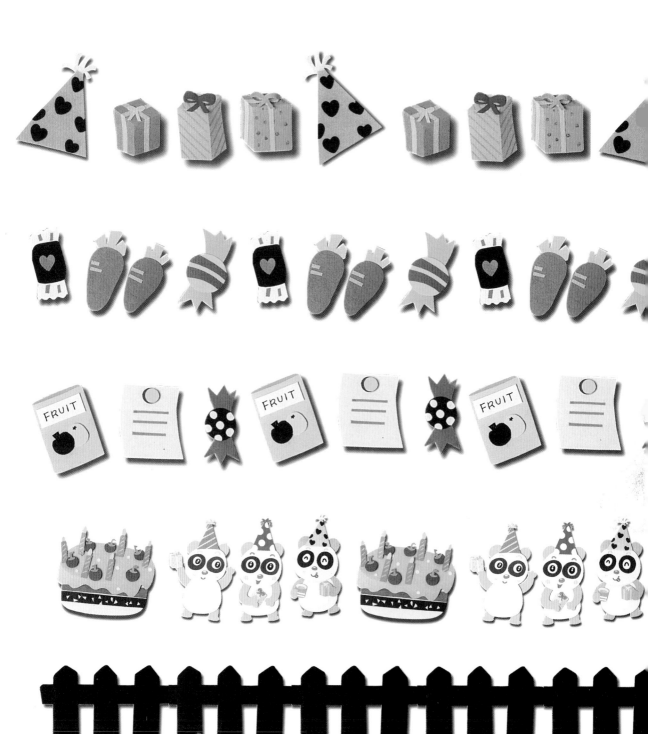

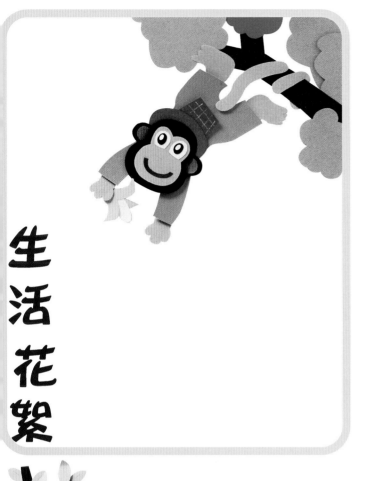

生活花絮

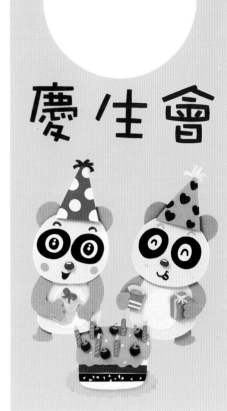

慶生會

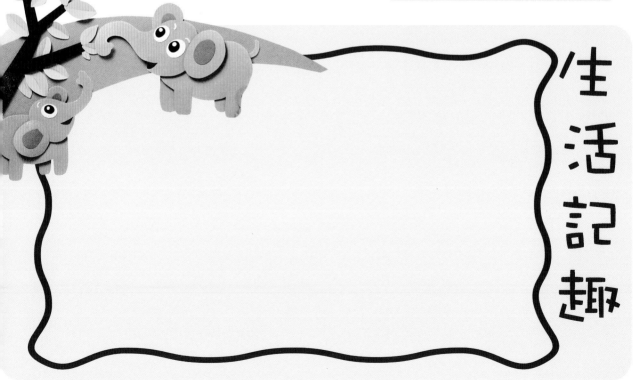

生活記趣

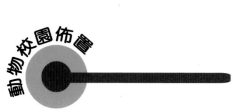

# 鳥　　類

△　看了前面的基本作法介紹了嗎？準備好材料就LET'S GO一起動手做吧！

正值黃昏的時刻，鸚鵡正停在枝幹上
休憩，天鵝與巨嘴鳥則在水中輕快的
游行。

線稿
參考P59

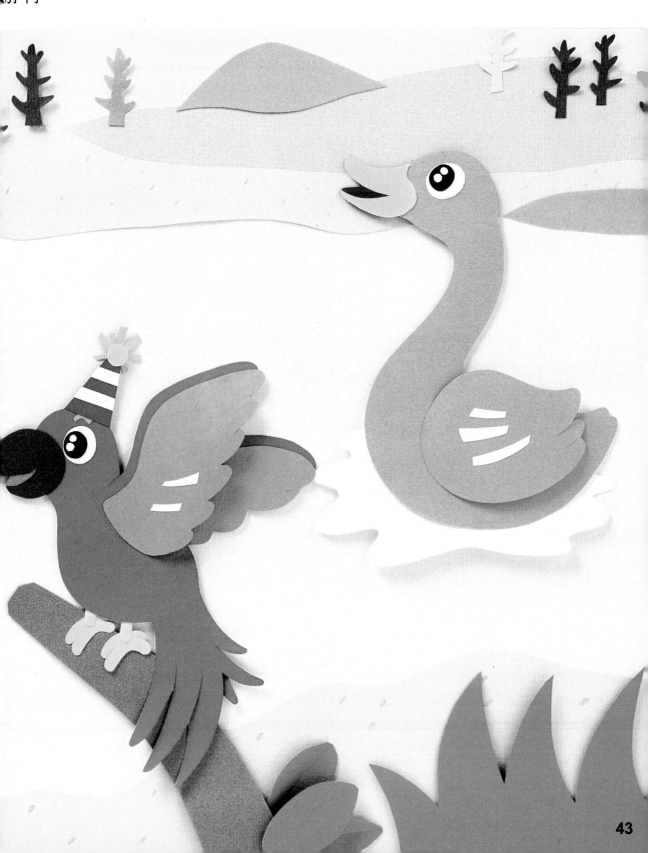

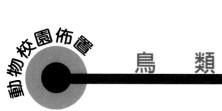

鳥　類

◆ 各種鳥類

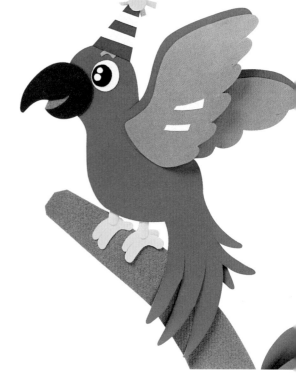

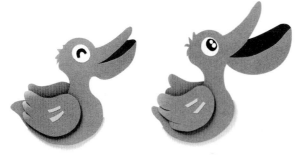

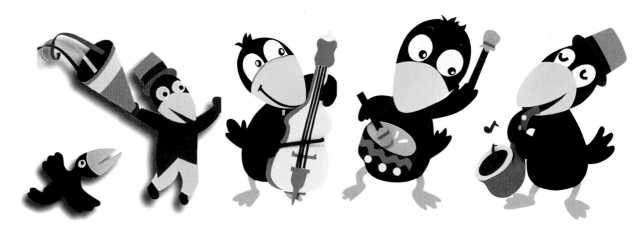

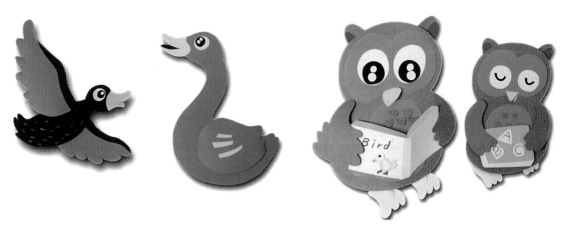

44

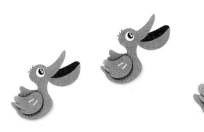

## ◆巨嘴鳥

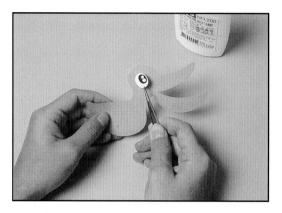

**1** 先為巨嘴鳥黏上眼睛。

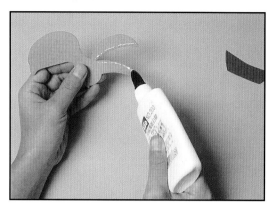

**2** 在背面沾上白膠。

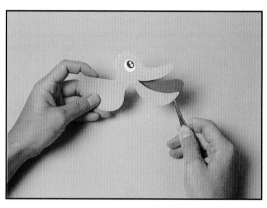

**3** 黏上紅色嘴巴。

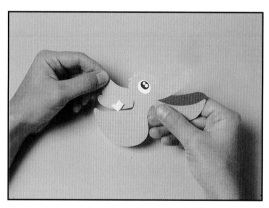

**4** 用泡棉膠黏貼下面的翅膀。

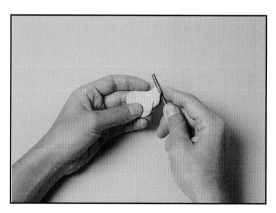

**5** 用量棒捲彎翅膀做出弧度。

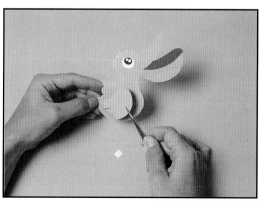

**6** 再以泡棉膠墊高黏貼。

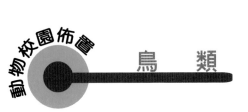
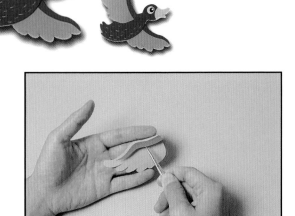

◆ 雁

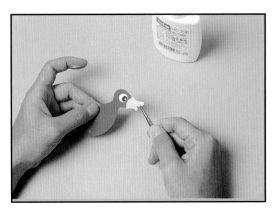

**1** 依順固定眼睛和嘴巴的位置

**2** 翅膀上方黏上和雁身體同色的色塊。

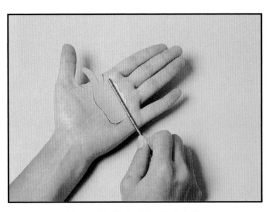

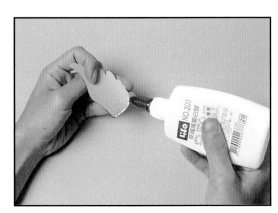

**3** 用棒子將左翅膀壓出弧形。

**4** 在邊緣黏合處上白膠。

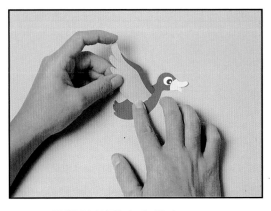

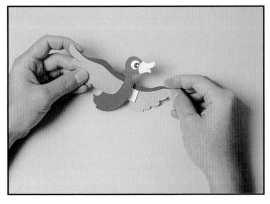

**5** 將翅膀側黏在身體上，做出立體感。

**6** 墊上泡棉膠並黏上另一片翅膀。

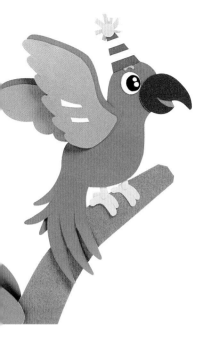

## ◆ 鸚鵡

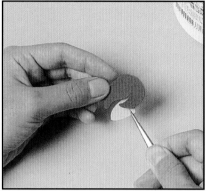

**1** 在嘴巴上襯上一塊底。

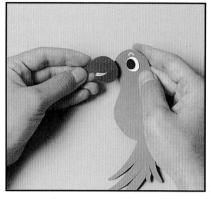

**2** 黏上眼睛和嘴巴。

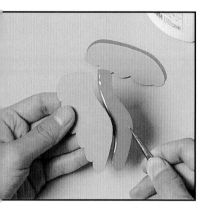

**3** 兩片翅膀的上方各黏貼上綠色色塊。

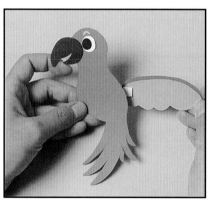

**4** 先由下方的翅膀開始黏起。

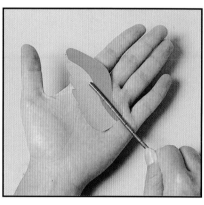

**5** 將上方翅膀以細棒壓出弧形。

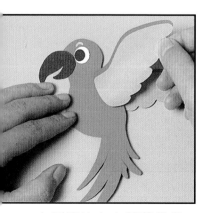

**6** 左側邊沾上白膠後黏貼固定。

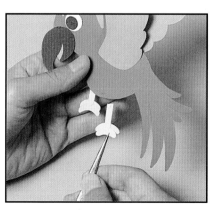

**7** 黏定鸚鵡的腳。

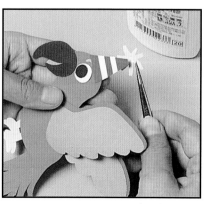

**8** 最後黏上帽子和帽鬚。

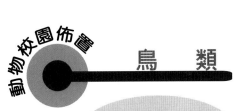

線稿
參考P58

# 烏鴉的音樂會

CONCER

小烏鴉們賣力的表演著他們的
才藝。演奏大提琴外還沈醉的
吹著薩克斯風和打著小鼓。

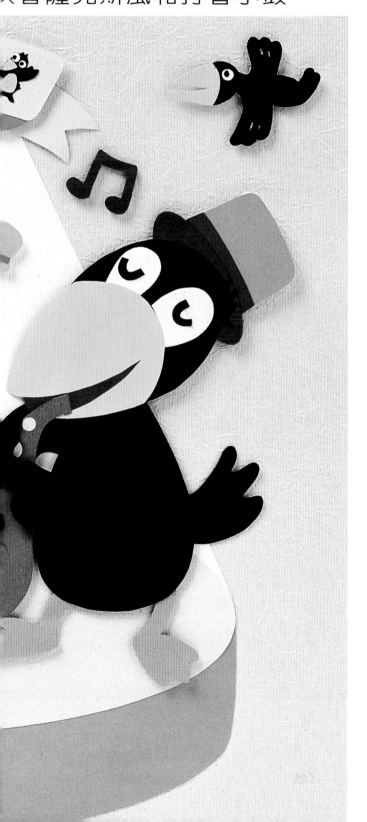

## ◆鼓

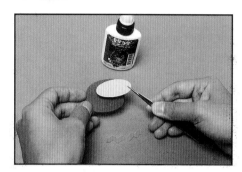

**1** 黏上不同顏色的鼓面，做
出立體感。

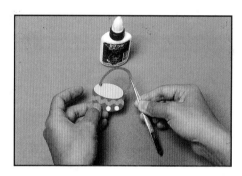

**2** 再黏貼鼓邊的花紋和鼓
繩。

## ◆鴉的嘴巴

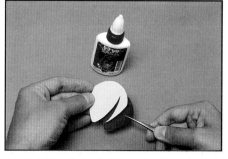

●在黃色嘴巴上襯貼上同樣大
小的紅色紙片。

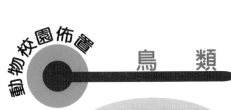

# 愛唸書的貓頭鷹

動物校園佈置　鳥類

線稿　參考P58

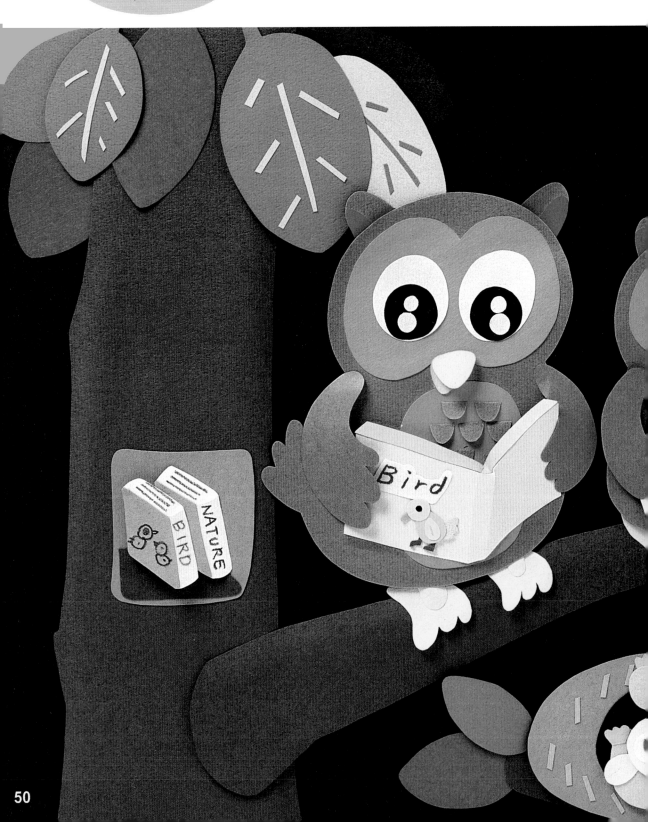

50

貓頭鷹媽媽每天晚上都會陪小
貓頭鷹唸書，不過今天小貓頭
鷹好像累了，牠睡著了。

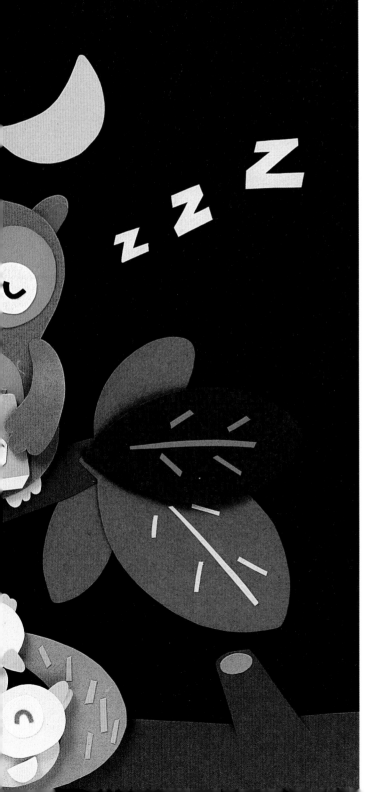

## ◆ 書本

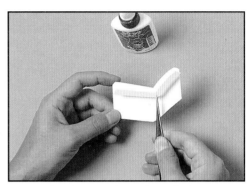

**1** 再書本上黏上小塊邊條，
做出書本的立體感。

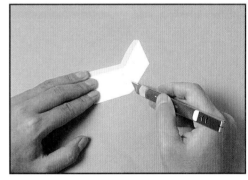

**2** 用刀片刀背劃出書的折
痕。（參考線稿）

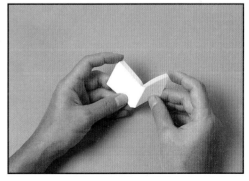

**3** 用手順著折痕折出書本
的厚度感。

## ◆應用實例－邊框

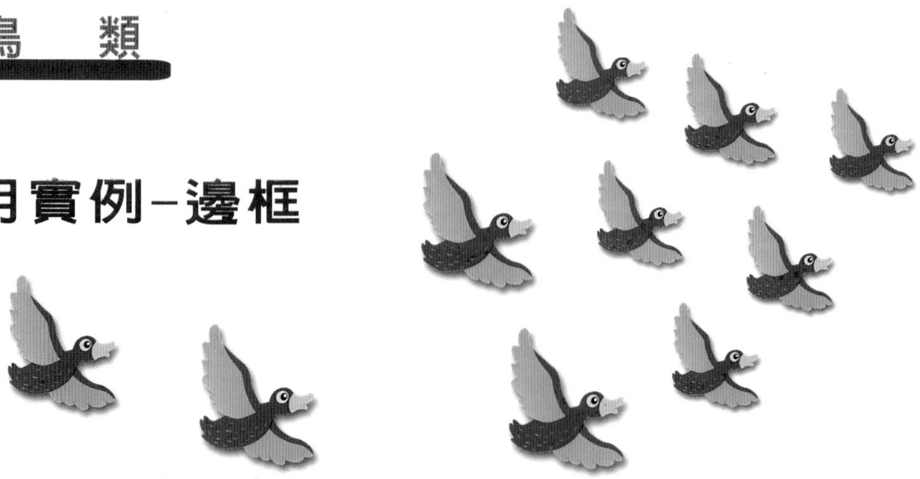

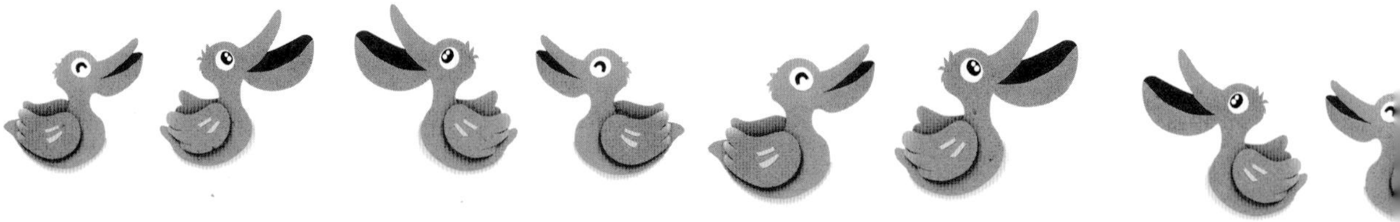

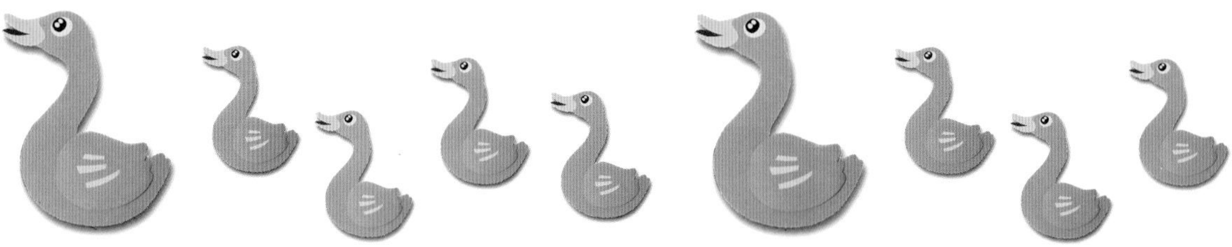

## ◆應用實例－公佈欄、活動海報、門牌

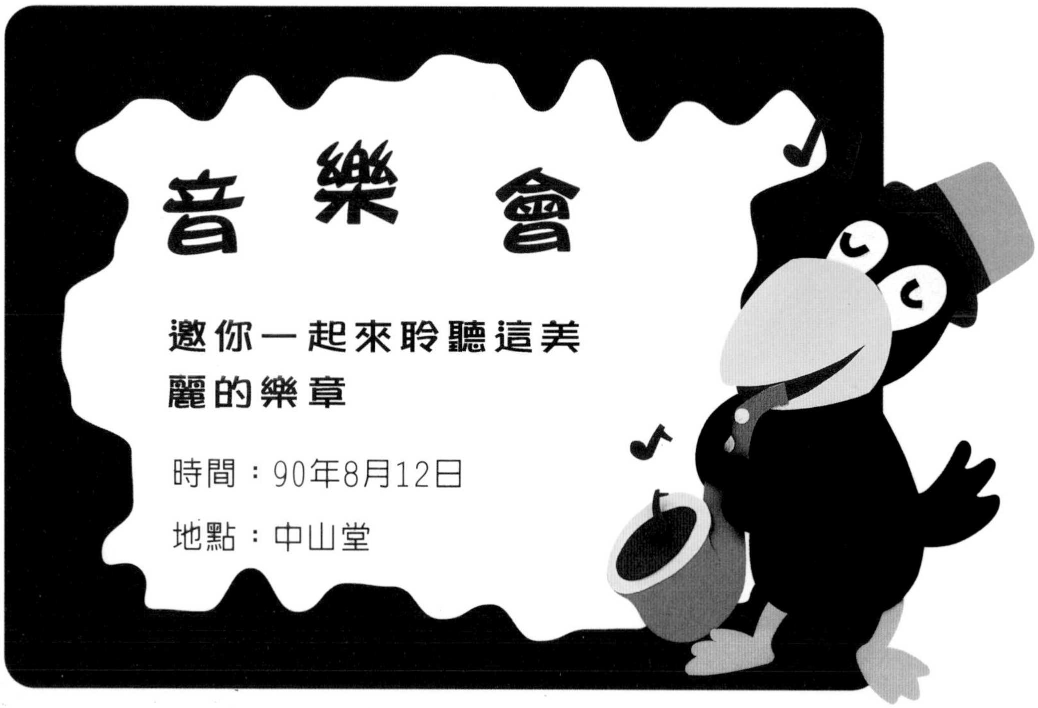
音樂會
邀你一起來聆聽這美
麗的樂章
時間：90年8月12日
地點：中山堂

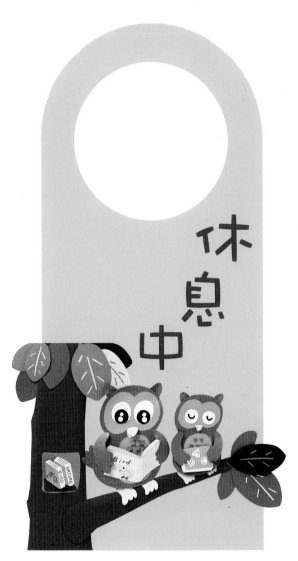

休息中

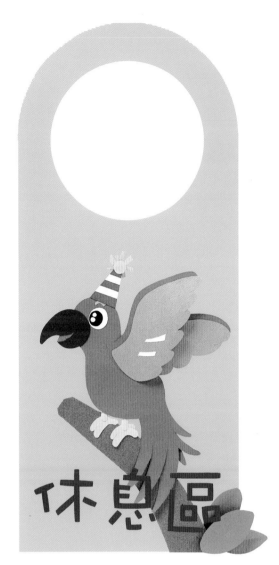

休息區

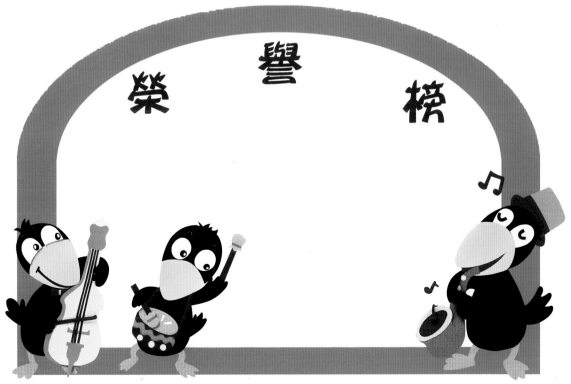

榮譽榜

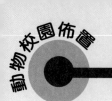

小螞蟻過冬

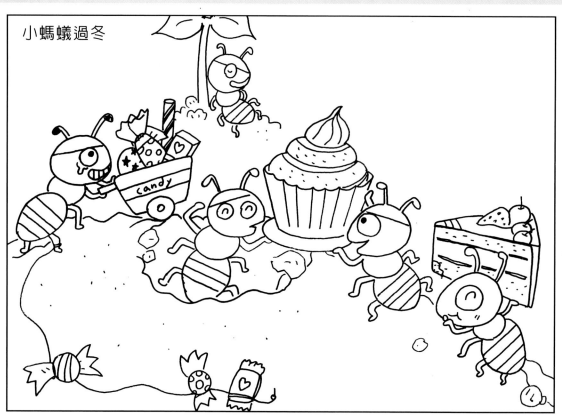

小螞蟻勤做工

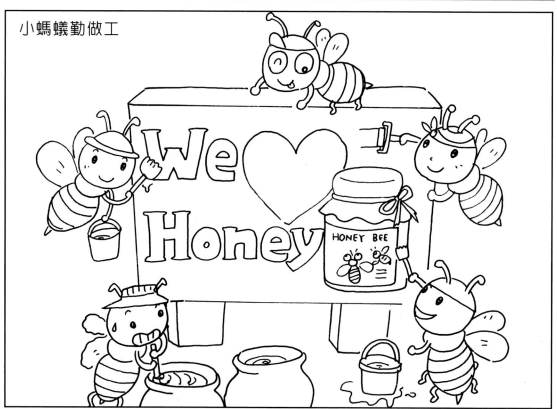

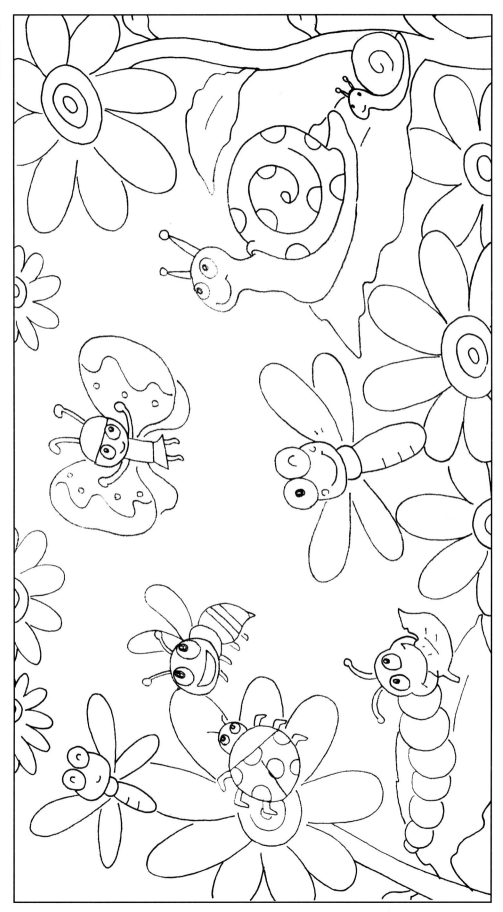

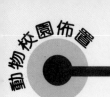
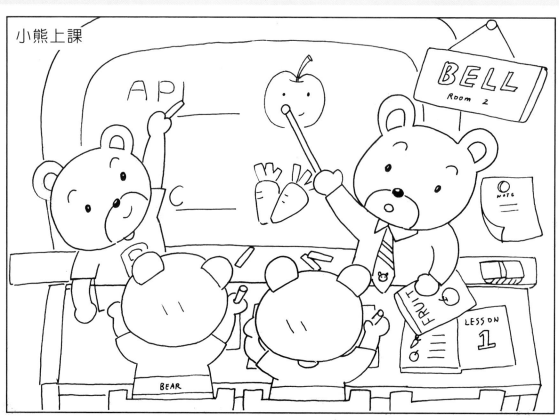

小熊上課

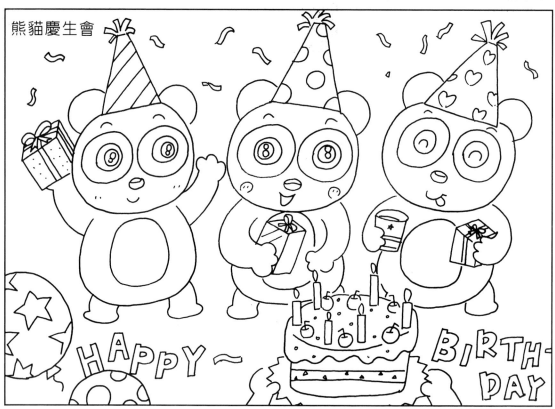

熊貓慶生會

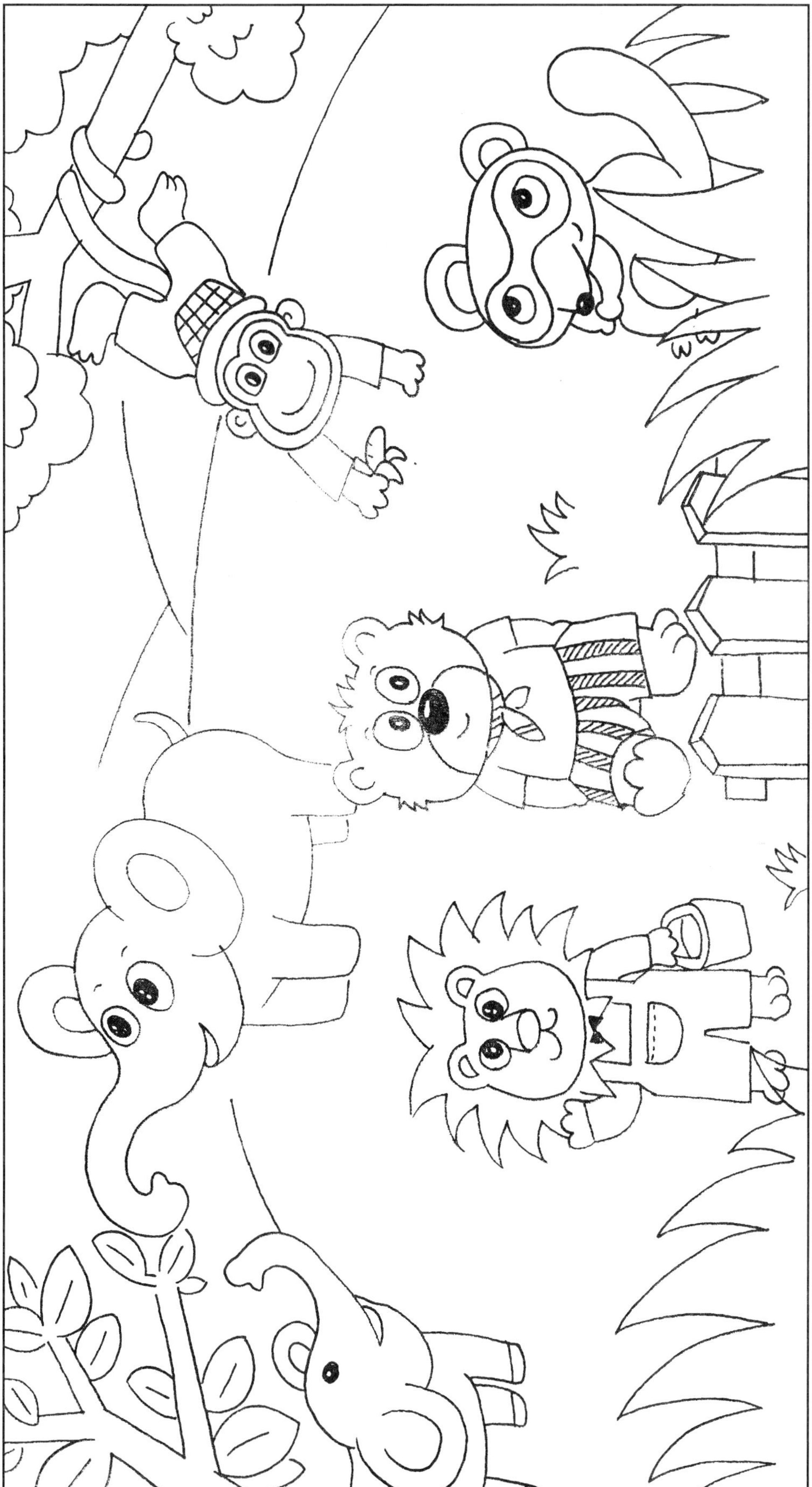

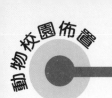
# 線稿應用例〔可供影印放大使用〕

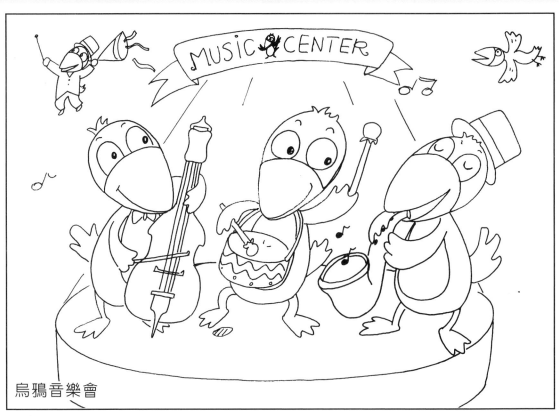

烏鴉音樂會

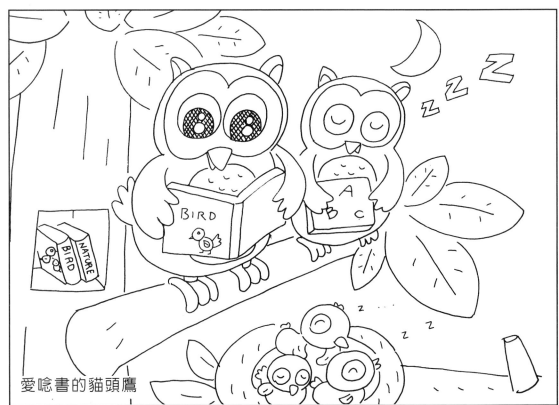

愛唸書的貓頭鷹

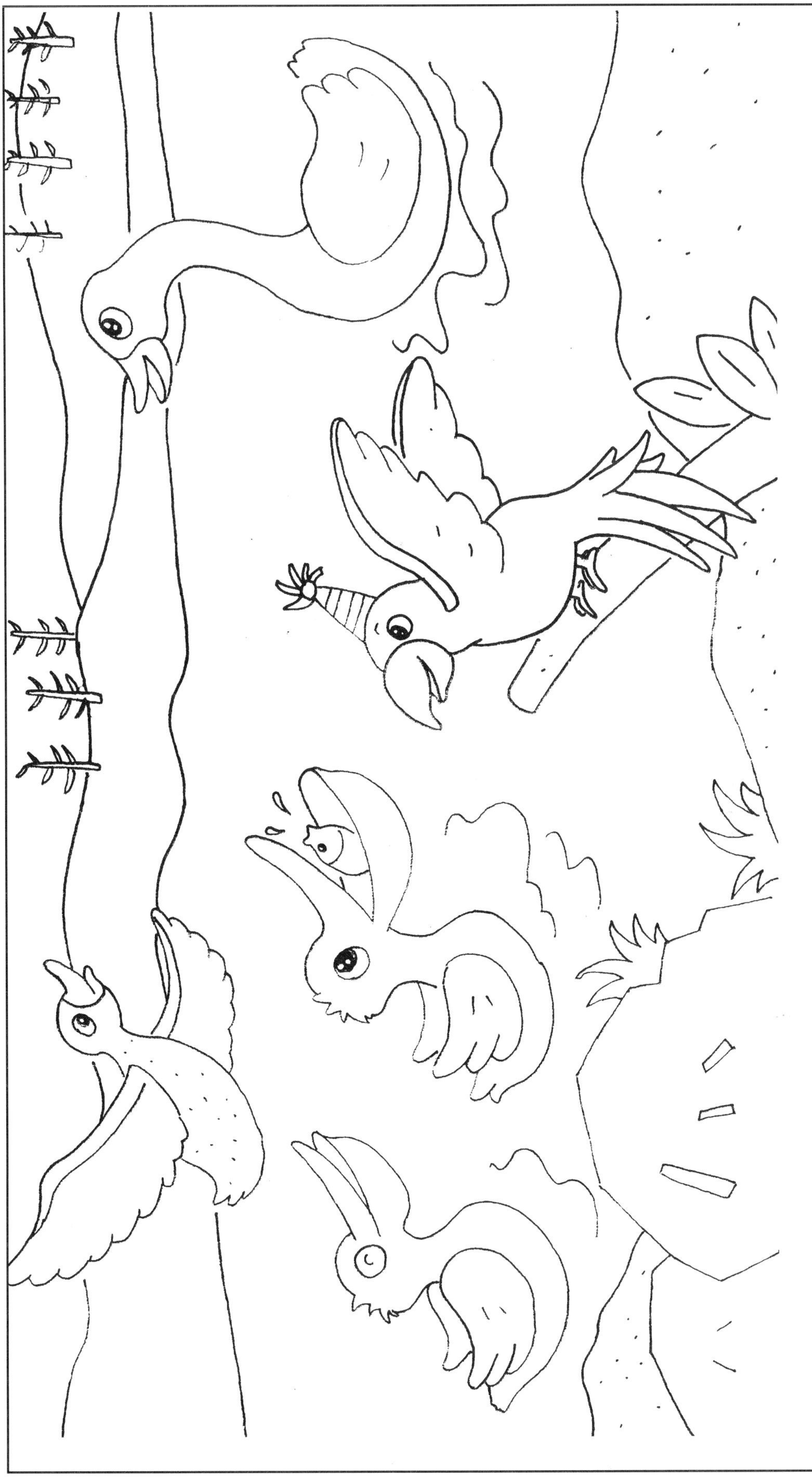

# 新形象出版圖書目錄

郵撥: 0510716-5　　陳偉賢　　　地址:北縣中和市中和路322號8F之1
TEL: 29207133・29278446　　FAX: 29290713

## 一. 美術設計類

| 代碼 | 書名 | 定價 |
|---|---|---|
| 00001-01 | 新插畫百科(上) | 400 |
| 00001-02 | 新插畫百科(下) | 400 |
| 00001-04 | 世界名家包裝設計(大8開) | 600 |
| 00001-06 | 世界名家插畫專輯(大8開) | 600 |
| 00001-09 | 世界名家兒童插畫(大8開) | 650 |
| 00001-05 | 藝術.設計的平面構成 | 380 |
| 00001-10 | 商業美術設計(平面應用篇) | 450 |
| 00001-07 | 包裝結構設計 | 400 |
| 00001-11 | 廣告視覺媒體設計 | 400 |
| 00001-15 | 應用美術.設計 | 400 |
| 00001-16 | 插畫藝術設計 | 400 |
| 00001-18 | 基礎造型 | 400 |
| 00001-21 | 商業電腦繪圖設計 | 500 |
| 00001-22 | 商標造型創作 | 380 |
| 00001-23 | 插畫彙編(事物篇) | 380 |
| 00001-24 | 插畫彙編(交通工具篇) | 380 |
| 00001-25 | 插畫彙編(人物篇) | 380 |
| 00001-28 | 版面設計基本原理 | 480 |
| 00001-29 | D.T.P(桌面排版)設計入門 | 480 |
| X0001 | 印刷設計圖案(人物篇) | 380 |
| X0002 | 印刷設計圖案(動物篇) | 380 |
| X0003 | 圖案設計(花木篇) | 350 |
| X0015 | 裝飾花邊圖案集成 | 450 |
| X0016 | 實用聖誕圖案集成 | 380 |

## 二. POP 設計

| 代碼 | 書名 | 定價 |
|---|---|---|
| 00002-03 | 精緻手繪POP字體3 | 400 |
| 00002-04 | 精緻手繪POP海報4 | 400 |
| 00002-05 | 精緻手繪POP展示5 | 400 |
| 00002-06 | 精緻手繪POP應用6 | 400 |
| 00002-08 | 精緻手繪POP字體8 | 400 |
| 00002-09 | 精緻手繪POP插圖9 | 400 |
| 00002-10 | 精緻手繪POP畫典10 | 400 |
| 00002-11 | 精緻手繪POP個性字11 | 400 |
| 00002-12 | 精緻手繪POP校園篇12 | 400 |
| 00002-13 | POP廣告 1.理論&實務篇 | 400 |
| 00002-14 | POP廣告 2.麥克筆字體篇 | 400 |
| 00002-15 | POP廣告 3.手繪創意字篇 | 400 |
| 00002-18 | POP廣告 4.手繪POP製作 | 400 |

| 代碼 | 書名 | 定價 |
|---|---|---|
| 00002-22 | POP廣告 5.店頭海報設計 | 450 |
| 00002-21 | POP廣告 6.手繪POP字體 | 400 |
| 00002-26 | POP廣告 7.手繪海報設計 | 450 |
| 00002-27 | POP廣告 8.手繪軟筆字體 | 400 |
| 00002-16 | 手繪POP的理論與實務 | 400 |
| 00002-17 | POP字體篇-POP正體自學1 | 450 |
| 00002-19 | POP字體篇-POP個性自學2 | 450 |
| 00002-20 | POP字體篇-POP變體字3 | 450 |
| 00002-24 | POP 字體篇-POP 變體字4 | 450 |
| 00002-31 | POP 字體篇-POP 創意自學5 | 450 |
| 00002-23 | 海報設計 1. POP秘笈-學習 | 500 |
| 00002-25 | 海報設計 2. POP秘笈-綜合 | 450 |
| 00002-28 | 海報設計 3.手繪海報 | 450 |
| 00002-29 | 海報設計 4.精緻海報 | 500 |
| 00002-30 | 海報設計 5.店頭海報 | 500 |
| 00002-32 | 海報設計 6.創意海報 | 450 |
| 00002-34 | POP高手1-POP字體(變體字) | 400 |
| 00002-33 | POP高手2-POP商業廣告 | 400 |
| 00002-35 | POP高手3-POP廣告實例 | 400 |
| 00002-36 | POP高手4-POP實務 | 400 |
| 00002-39 | POP高手5-POP插畫 | 400 |
| 00002-37 | POP高手6-POP視覺海報 | 400 |
| 00002-38 | POP高手7-POP校園海報 | 400 |

## 三.室內設計透視圖

| 代碼 | 書名 | 定價 |
|---|---|---|
| 00003-01 | 籃白相間裝飾法 | 450 |
| 00003-03 | 名家室內設計作品專集(8開) | 600 |
| 00002-05 | 室內設計製圖實務與圖例 | 650 |
| 00003-05 | 室內設計製圖 | 650 |
| 00003-06 | 室內設計基本製圖 | 350 |
| 00003-07 | 美國最新室內透視圖表現1 | 500 |
| 00003-08 | 展覽空間規劃 | 650 |
| 00003-09 | 店面設計入門 | 550 |
| 00003-10 | 流行店面設計 | 450 |
| 00003-11 | 流行餐飲店設計 | 480 |
| 00003-12 | 居住空間的立體表現 | 500 |
| 00003-13 | 精緻室內設計 | 800 |
| 00003-14 | 室內設計製圖實務 | 450 |
| 00003-15 | 商店透視-麥克筆技法 | 500 |
| 00003-16 | 室內外空間透視表現法 | 480 |
| 00003-18 | 室內設計配色手冊 | 350 |

| 00003-21 | 休閒俱樂部.酒吧與舞台 | 1,200 |
|---|---|---|
| 00003-22 | 室內空間設計 | 500 |
| 00003-23 | 櫥窗設計與空間處理(平) | 450 |
| 00003-24 | 博物館&休閒公園展示設計 | 800 |
| 00003-25 | 個性化室內設計精華 | 500 |
| 00003-26 | 室內設計&空間運用 | 1,000 |
| 00003-27 | 萬國博覽會&展示會 | 1,200 |
| 00003-33 | 居家照明設計 | 950 |
| 00003-34 | 商業照明-創造活潑生動的 | 1,200 |
| 00003-29 | 商業空間-辦公室.空間.傢俱 | 650 |
| 00003-30 | 商業空間-酒吧.旅館及餐廳 | 650 |
| 00003-31 | 商業空間-商店.巨型百貨公司 | 650 |
| 00003-35 | 商業空間-辦公傢俱 | 700 |
| 00003-36 | 商業空間-精品店 | 700 |
| 00003-37 | 商業空間-餐廳 | 700 |
| 00003-38 | 商業空間-店面櫥窗 | 700 |
| 00003-39 | 室內透視繪製實務 | 600 |

| 四.圖學 | | |
|---|---|---|
| 代碼 | 書名 | 定價 |
| 00004-01 | 綜合圖學 | 250 |
| 00004-02 | 製圖與識圖 | 280 |
| 00004-04 | 基本透視實務技法 | 400 |
| 00004-05 | 世界名家透視圖全集(大8開) | 600 |

| 五.色彩配色 | | |
|---|---|---|
| 代碼 | 書名 | 定價 |
| 00005-01 | 色彩計畫(北星) | 350 |
| 00005-02 | 色彩心理學-初學者指南 | 400 |
| 00005-03 | 色彩與配色(普級版) | 300 |
| 00005-05 | 配色事典(1)集 | 330 |
| 00005-05 | 配色事典(2)集 | 330 |
| 00005-07 | 色彩計畫實用色票集+129a | 480 |

| 六. SP 行銷.企業識別設計 | | |
|---|---|---|
| 代碼 | 書名 | 定價 |
| 00006-01 | 企業識別設計(北星) | 450 |
| B0209 | 企業識別系統 | 400 |
| 00006-02 | 商業名片(1)-(北星) | 450 |
| 00006-03 | 商業名片(2)-創意設計 | 450 |
| 00006-05 | 商業名片(3)-創意設計 | 450 |
| 00006-06 | 最佳商業手冊設計 | 600 |
| A0198 | 日本企業識別設計(1) | 400 |
| A0199 | 日本企業識別設計(2) | 400 |

| 七.造園景觀 | | |
|---|---|---|
| 代碼 | 書名 | 定價 |
| 00007-01 | 造園景觀設計 | 1,200 |
| 00007-02 | 現代都市街道景觀設計 | 1,200 |
| 00007-03 | 都市水景設計之要素與概 | 1,200 |
| 00007-05 | 最新歐洲建築外觀 | 1,500 |
| 00007-06 | 觀光旅館設計 | 800 |
| 00007-07 | 景觀設計實務 | 850 |

| 八. 繪畫技法 | | |
|---|---|---|
| 代碼 | 書名 | 定價 |
| 00008-01 | 基礎石膏素描 | 400 |
| 00008-02 | 石膏素描技法專集(大8開) | 450 |
| 00008-03 | 繪畫思想與造形理論 | 350 |
| 00008-04 | 魏斯水彩畫專集 | 650 |
| 00008-05 | 水彩靜物圖解 | 400 |
| 00008-06 | 油彩畫技法1 | 450 |
| 00008-07 | 人物靜物的畫法 | 450 |
| 00008-08 | 風景表現技法 3 | 450 |
| 00008-09 | 石膏素描技法4 | 450 |
| 00008-10 | 水彩.粉彩表現技法5 | 450 |
| 00008-11 | 描繪技法6 | 350 |
| 00008-12 | 粉彩表現技法7 | 400 |
| 00008-13 | 繪畫表現技法8 | 500 |
| 00008-14 | 色鉛筆描繪技法9 | 400 |
| 00008-15 | 油畫配色精要10 | 400 |
| 00008-16 | 鉛筆技法11 | 350 |
| 00008-17 | 基礎油畫12 | 450 |
| 00008-18 | 世界名家水彩(1)(大8開) | 650 |
| 00008-20 | 世界水彩畫家專集(3)(大8開) | 650 |
| 00008-22 | 世界名家水彩專集(5)(大8開) | 650 |
| 00008-23 | 壓克力畫技法 | 400 |
| 00008-24 | 不透明水彩技法 | 400 |
| 00008-25 | 新素描技法解說 | 350 |
| 00008-26 | 畫鳥.話鳥 | 450 |
| 00008-27 | 噴畫技法 | 600 |
| 00008-29 | 人體結構與藝術構成 | 1,300 |
| 00008-30 | 藝用解剖學(平裝) | 350 |
| 00008-65 | 中國畫技法(CD/ROM) | 500 |
| 00008-32 | 千嬌百態 | 450 |
| 00008-33 | 世界名家油畫專集(大8開) | 650 |
| 00008-34 | 插畫技法 | 450 |

| 00008-37 | 粉彩畫技法 | 450 |
|---|---|---|
| 00008-38 | 實用繪畫範本 | 450 |
| 00008-39 | 油畫基礎畫法 | 450 |
| 00008-40 | 用粉彩來捕捉個性 | 550 |
| 00008-41 | 水彩拼貼技法大全 | 650 |
| 00008-42 | 人體之美實體素描技法 | 400 |
| 00008-44 | 噴畫的世界 | 500 |
| 00008-45 | 水彩技法圖解 | 450 |
| 00008-46 | 技法1-鉛筆畫技法 | 350 |
| 00008-47 | 技法2-粉彩筆畫技法 | 450 |
| 00008-48 | 技法3-沾水筆.彩色墨水技法 | 450 |
| 00008-49 | 技法4-野生植物畫法 | 400 |
| 00008-50 | 技法5-油畫質感 | 450 |
| 00008-57 | 技法6-陶藝教室 | 400 |
| 00008-59 | 技法7-陶藝彩繪的裝飾技巧 | 450 |
| 00008-51 | 如何引導觀畫者的視線 | 450 |
| 00008-52 | 人體素描-裸女繪畫的姿勢 | 400 |
| 00008-53 | 大師的油畫祕訣 | 750 |
| 00008-54 | 創造性的人物速寫技法 | 600 |
| 00008-55 | 壓克力膠彩全技法 | 450 |
| 00008-56 | 畫彩百科 | 500 |
| 00008-58 | 繪畫技法與構成 | 450 |
| 00008-60 | 繪畫藝術 | 450 |
| 00008-61 | 新麥克筆的世界 | 660 |
| 00008-62 | 美少女生活插畫集 | 450 |
| 00008-63 | 軍事插畫集 | 500 |
| 00008-64 | 技法6-品味陶藝專門技法 | 400 |
| 00008-66 | 精細素描 | 300 |
| 00008-67 | 手槍與軍事 | 350 |

## 九. 廣告設計.企劃

| 代碼 | 書名 | 定價 |
|---|---|---|
| 00009-02 | CI與展示 | 400 |
| 00009-03 | 企業識別設計與製作 | 400 |
| 00009-04 | 商標與CI | 400 |
| 00009-05 | 實用廣告學 | 300 |
| 00009-11 | 1-美工設計完稿技法 | 300 |
| 00009-12 | 2-商業廣告印刷設計 | 450 |
| 00009-13 | 3-包裝設計典線面 | 450 |
| 00001-14 | 4-展示設計(北星) | 450 |
| 00009-15 | 5-包裝設計 | 450 |
| 00009-14 | CI視覺設計(文字媒體應用) | 450 |

| 00009-16 | 被遺忘的心形象 | 150 |
|---|---|---|
| 00009-18 | 綜藝形象100序 | 150 |
| 00006-04 | 名家創意系列1-識別設計 | 1,200 |
| 00009-20 | 名家創意系列2-包裝設計 | 800 |
| 00009-21 | 名家創意系列3-海報設計 | 800 |
| 00009-22 | 創意設計-啟發創意的平面 | 850 |
| Z0905 | CI視覺設計(信封名片設計) | 350 |
| Z0906 | CI視覺設計(DM廣告型1) | 350 |
| Z0907 | CI視覺設計(包裝點線面1) | 350 |
| Z0909 | CI視覺設計(企業名片吊卡) | 350 |
| Z0910 | CI視覺設計(月曆PR設計) | 350 |

## 十.建築房地產

| 代碼 | 書名 | 定價 |
|---|---|---|
| 00010-01 | 日本建築及空間設計 | 1,350 |
| 00010-02 | 建築環境透視圖-運用技巧 | 650 |
| 00010-04 | 建築模型 | 550 |
| 00010-10 | 不動產估價師實用法規 | 450 |
| 00010-11 | 經營實點-旅館聖經 | 250 |
| 00010-12 | 不動產經紀人考試法規 | 590 |
| 00010-13 | 房地41-民法概要 | 450 |
| 00010-14 | 房地47-不動產經濟法規精要 | 280 |
| 00010-06 | 美國房地產買賣投資 | 220 |
| 00010-29 | 實戰3-土地開發實務 | 360 |
| 00010-27 | 實戰4-不動產估價實務 | 330 |
| 00010-28 | 實戰5-產品定位實務 | 330 |
| 00010-37 | 實戰6-建築規劃實務 | 390 |
| 00010-30 | 實戰7-土地制度分析實務 | 300 |
| 00010-59 | 實戰8-房地產行銷實務 | 450 |
| 00010-03 | 實戰9-建築工程管理實務 | 390 |
| 00010-07 | 實戰10-土地開發實務 | 400 |
| 00010-08 | 實戰11-財務稅務規劃實務 (上) | 380 |
| 00010-09 | 實戰12-財務稅務規劃實務 (下) | 400 |
| 00010-20 | 寫實建築表現技法 | 600 |
| 00010-39 | 科技產物環境規劃與區域 | 300 |
| 00010-41 | 建築物噪音與振動 | 600 |
| 00010-42 | 建築資料文獻目錄 | 450 |
| 00010-46 | 建築圖解-接待中心.樣品屋 | 350 |
| 00010-54 | 房地產市場景氣發展 | 480 |
| 00010-63 | 當代建築師 | 350 |
| 00010-64 | 中美洲-樂園貝里斯 | 350 |

## 十一. 工藝

| 代碼 | 書名 | 定價 |
|---|---|---|
| 00011-02 | 籐編工藝 | 240 |
| 00011-04 | 皮雕藝術技法 | 400 |
| 00011-05 | 紙的創意世界-紙藝設計 | 600 |
| 00011-07 | 陶藝娃娃 | 280 |
| 00011-08 | 木彫技法 | 300 |
| 00011-09 | 陶藝初階 | 450 |
| 00011-10 | 小石頭的創意世界(平裝) | 380 |
| 00011-11 | 紙黏土1-黏土的遊藝世界 | 350 |
| 00011-16 | 紙黏土2-黏土的環保世界 | 350 |
| 00011-13 | 紙雕創作-餐飲篇 | 450 |
| 00011-14 | 紙雕嘉年華 | 450 |
| 00011-15 | 紙黏土白皮書 | 450 |
| 00011-17 | 軟陶風情畫 | 480 |
| 00011-19 | 談紙神工 | 450 |
| 00011-18 | 創意生活DIY(1)美勞篇 | 450 |
| 00011-20 | 創意生活DIY(2)工藝篇 | 450 |
| 00011-21 | 創意生活DIY(3)風格篇 | 450 |
| 00011-22 | 創意生活DIY(4)綜合媒材 | 450 |
| 00011-22 | 創意生活DIY(5)札貨篇 | 450 |
| 00011-23 | 創意生活DIY(6)巧飾篇 | 450 |
| 00011-26 | DIY物語(1)織布風雲 | 400 |
| 00011-27 | DIY物語(2)鐵的代誌 | 400 |
| 00011-28 | DIY物語(3)紙黏土小品 | 400 |
| 00011-29 | DIY物語(4)重慶深林 | 400 |
| 00011-30 | DIY物語(5)環保超人 | 400 |
| 00011-31 | DIY物語(6)機械主義 | 400 |
| 00011-32 | 紙藝創作1-紙塑娃娃(特價) | 299 |
| 00011-33 | 紙藝創作2-簡易紙塑 | 375 |
| 00011-35 | 巧手DIY1紙黏土生活陶器 | 280 |
| 00011-36 | 巧手DIY2紙黏土裝飾小品 | 280 |
| 00011-37 | 巧手DIY3紙黏土裝飾小品 2 | 280 |
| 00011-38 | 巧手DIY4簡易的拼布小品 | 280 |
| 00011-39 | 巧手DIY5藝術麵包花入門 | 280 |
| 00011-40 | 巧手DIY6紙黏土工藝(1) | 280 |
| 00011-41 | 巧手DIY7紙黏土工藝(2) | 280 |
| 00011-42 | 巧手DIY8紙黏土娃娃(3) | 280 |
| 00011-43 | 巧手DIY9紙黏土娃娃(4) | 280 |
| 00011-44 | 巧手DIY10-紙黏土小飾物(1) | 280 |
| 00011-45 | 巧手DIY11-紙黏土小飾物(2) | 280 |

| 00011-51 | 卡片DIY1-3D立體卡片1 | 450 |
|---|---|---|
| 00011-52 | 卡片DIY2-3D立體卡片2 | 450 |
| 00011-53 | 完全DIY手冊1-生活啟室 | 450 |
| 00011-54 | 完全DIY手冊2-LIFE生活館 | 280 |
| 00011-55 | 完全DIY手冊3-綠野仙蹤 | 450 |
| 00011-56 | 完全DIY手冊4-新食器時代 | 450 |
| 00011-60 | 個性針織DIY | 450 |
| 00011-61 | 織布生活DIY | 450 |
| 00011-62 | 彩繪藝術DIY | 450 |
| 00011-63 | 花藝禮品DIY | 450 |
| 00011-64 | 節慶DIY系列1.聖誕饗宴-1 | 400 |
| 00011-65 | 節慶DIY系列2.聖誕饗宴-2 | 400 |
| 00011-66 | 節慶DIY系列3.節慶嘉年華 | 400 |
| 00011-67 | 節慶DIY系列4.節慶道具 | 400 |
| 00011-68 | 節慶DIY系列5.節慶卡麥拉 | 400 |
| 00011-69 | 節慶DIY系列6.節慶禮物包 | 400 |
| 00011-70 | 節慶DIY系列7.節慶佈置 | 400 |
| 00011-75 | 休閒手工藝系列1-鉤針玩偶 | 360 |
| 00011-81 | 休閒手工藝系列2-銀編首飾 | 360 |
| 00011-76 | 親子同樂1-童玩勞作(特價) | 280 |
| 00011-77 | 親子同樂2-紙藝勞作(特價) | 280 |
| 00011-78 | 親子同樂3-玩偶勞作(特價) | 280 |
| 00011-79 | 親子同樂5-自然科學勞作(特價) | 280 |
| 00011-80 | 親子同樂4-環保勞作(特價) | 280 |

## 十二. 幼教

| 代碼 | 書名 | 定價 |
|---|---|---|
| 00012-01 | 創意的美術教室 | 450 |
| 00012-02 | 最新兒童繪畫指導 | 400 |
| 00012-04 | 教室環境設計 | 350 |
| 00012-05 | 教具製作與應用 | 350 |
| 00012-06 | 教室環境設計-人物篇 | 360 |
| 00012-07 | 教室環境設計-動物篇 | 360 |
| 00012-08 | 教室環境設計-童話圖案篇 | 360 |
| 00012-09 | 教室環境設計-創意篇 | 360 |
| 00012-10 | 教室環境設計-植物篇 | 360 |
| 00012-11 | 教室環境設計-萬象篇 | 360 |

## 十三. 攝影

| 代碼 | 書名 | 定價 |
|---|---|---|
| 00013-01 | 世界名家攝影專集(1)-大8開 | 400 |
| 00013-02 | 繪之影 | 420 |
| 00013-03 | 世界自然花卉 | 400 |

# 新形象出版圖書目錄

郵撥: 0510716-5　陳偉賢　　地址: 北縣中和市中和路322號8F之1
TEL: 29207133‧29278446　　FAX: 29290713

## 十四. 字體設計

| 代碼 | 書名 | 定價 |
|---|---|---|
| 00014-01 | 英文.數字造形設計 | 800 |
| 00014-02 | 中國文字造形設計 | 250 |
| 00014-05 | 新中國書法 | 700 |

## 十五. 服裝.髮型設計

| 代碼 | 書名 | 定價 |
|---|---|---|
| 00015-01 | 服裝打版講座 | 350 |
| 00015-05 | 衣服的畫法-便服篇 | 400 |
| 00015-07 | 基礎服裝畫(北星) | 350 |
| 00015-10 | 美容美髮1-美容美髮與色彩 | 420 |
| 00015-11 | 美容美髮2-蕭本龍e媚彩妝 | 450 |
| 00015-08 | T-SHIRT（噴畫過程及指導） | 600 |
| 00015-09 | 流行服裝與配色 | 400 |
| 00015-02 | 蕭本龍服裝畫(2)-大8開 | 500 |
| 00015-03 | 蕭本龍服裝畫(3)-大8開 | 500 |
| 00015-04 | 世界傑出服裝畫家作品4 | 400 |

## 十六. 中國美術.中國藝術

| 代碼 | 書名 | 定價 |
|---|---|---|
| 00016-02 | 沒落的行業-木刻專集 | 400 |
| 00016-03 | 大陸美術學院素描選 | 350 |
| 00016-05 | 陳永浩彩墨畫集 | 650 |

## 十七. 電腦設計

| 代碼 | 書名 | 定價 |
|---|---|---|
| 00017-01 | MAC影像處理軟件大檢閱 | 350 |
| 00017-02 | 電腦設計-影像合成攝影處 | 400 |
| 00017-03 | 電腦數碼成像製作 | 350 |
| 00017-04 | 美少女CG網站 | 420 |
| 00017-05 | 神奇美少女CG世界 | 450 |
| 00017-06 | 美少女電腦繪圖技巧實力提升 | 600 |

## 十八. 西洋美術.藝術欣賞

| 代碼 | 書名 | 定價 |
|---|---|---|
| 00004-06 | 西洋美術史 | 300 |
| 00004-07 | 名畫的藝術思想 | 400 |
| 00004-08 | RENOIR雷諾瓦-彼得.菲斯 | 350 |

教室佈置系列

# 動物校園佈置【part.1】

出 版 者：新形象出版事業有限公司
負 責 人：陳偉賢
地　　址：台北縣中和市中和路322號8F之1
電　　話：29207133‧29278446
F A X：29290713
編 著 者：林麗慧
總 策 劃：陳偉賢
執行企劃：林麗慧、黃筱晴
電腦美編：洪麒偉
封面設計：洪麒偉、黃筱晴
總 代 理：北星圖書事業股份有限公司
地　　址：台北縣永和市中正路462號5F
門　　市：北星圖書事業股份有限公司
地　　址：永和市中正路498號
電　　話：29229000
F A X：29229041
網　　址：www.nsbooks.com.tw
郵　　撥：0544500-7北星圖書帳戶
印 刷 所：利林印刷股份有限公司
製 版 所：興旺彩色印刷製版有限公司

行政院新聞局出版事業登記證／局版台業字第3928號
經濟部公司執照／76建三辛字第214743號
■本書如有裝訂錯誤破損缺頁請寄回退換
西元2002年9月　第一版第一刷

國家圖書館出版品預行編目資料

動物校園佈置/新形象編著.--第一版.--
　台北縣中和市：新形象 ,2002[民91]
　冊 ；　公分.--（教室佈置系列；4）

ISBN 957-2035-38-X( part.1：平裝)

1. 美術工藝　2. 壁報 - 設計

964　　　　　　　　　　91015802